So sind sie, die

Deutschen

Stefan Zeidenitz
Ben Barkow

Die Fremdenversteher

Impressum

Stefan Zeidenitz, Ben Barkow
So sind sie, die Deutschen

erschienen im
Reise Know-How Verlag Peter Rump GmbH
Osnabrücker Str. 79, 33649 Bielefeld

1. Auflage 2018

Titel der englischen Originalausgabe:
Xenophobe's® guide to The Germans

Deutsch von Stefan Zeidenitz

Gestaltung
Umschlag: Franziska Feldmann (Layout), der Verlag (Realisierung)
Inhalt: Günter Pawlak, FaktorZwo (Layout), der Verlag (Realisierung)
Zeichnungen: Gunda Urban und Franziska Feldmann

Redaktion
Thorsten Altheide

Druck und Bindung:
Media-Print, Paderborn

Printed in Germany

ISBN 978-3-8317-2871-8
ISBN epub 978-3-8317-4959-1
ISBN mobi 978-3-8317-4960-7

Dieses Buch ist erhältlich in jeder Buchhandlung Deutschlands, der Schweiz und Österreichs:
Bitte informieren Sie Ihren Buchhändler über folgende Bezugsadressen:
Deutschland
Prolit GmbH, Postfach 1109, D-35461 Fernwald sowie alle Barsortimente
Schweiz
AVA Verlagsauslieferung AG, Centralweg 16, CH-8910 Affoltern am Albis
Österreich
Mohr Morawa Buchvertrieb GmbH, Sulzengasse 2, A-1230 Wien

Wer im Buchhandel trotzdem kein Glück hat, bekommt unsere Bücher auch über:
www.reise-know-how.de

Inhalt

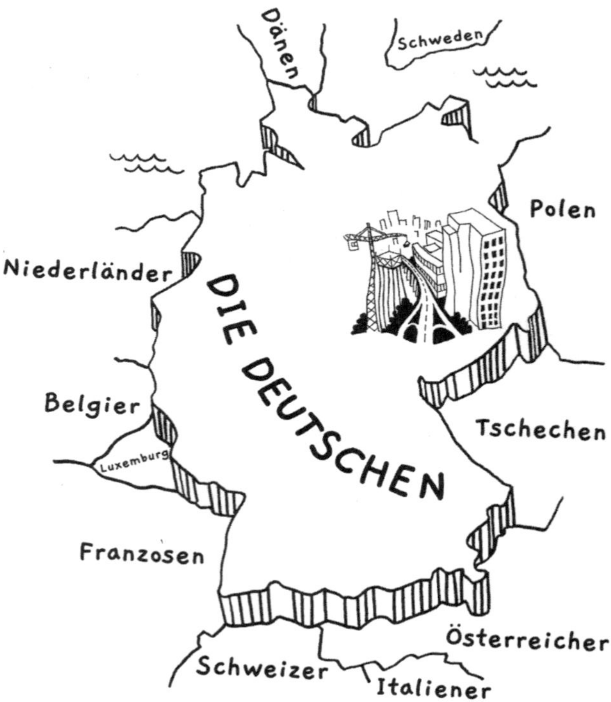

Deutschland hat eine Bevölkerung von über 82 Millionen Menschen, verglichen mit gut 5 Millionen Dänen, 8,5 Millionen Schweizern, fast 9 Millionen Österreichern, 10 Millionen Tschechen, 11 Millionen Belgiern, 38 Millionen Polen, 65 Millionen Briten, 67 Millionen Franzosen, und 323 Millionen US-Amerikanern.

Deutschland ist beinahe dreimal so groß wie England, würde aber gut eineinhalbmal in Frankreich passen.

Nationalität & Identität

Vorwarnung oder das Wurst-Case-Szenario

Traditionell gelten die Deutschen als eine Nation von Robotern mit quadratischen Schädeln und ebensolchen Unterkiefern, deren Sprache wie etwas aus einem verstopften Abflussrohr klingt, deren Autos mit eingebauter Überholspurreservierung allen anderen davonfahren und deren Fußballmannschaft selten verliert. Sie wirken unangreifbar.

Aber hinter dieser Fassade steckt eine Nation, die sich sehr präzise darüber im Unklaren ist, wo sie sich gerade befindet, wohin sie geht, sogar, wie sie dahin gekommen ist.

» Traditionell gelten die Deutschen als eine Nation von Robotern mit quadratischen Schädeln.

In ihrer Suche nach Geborgenheit und Schutz vor den Unsicherheiten des Lebens verlassen sie sich einerseits auf Ordnung und Systeme, den Staat und die Europäische Zentralbank; andererseits ziehen sie sich zurück in die seelischen Tiefen ihrer Angstzustände, psychoanalytische Seelenschau und die höheren Sphären der Kultur.

Über diese Ängste sollte man sich nicht lustig machen; Humor gehört zu einer völlig anderen Kategorie und muss sehr ernst genommen werden. Für die Deutschen besteht das Leben aus zwei Hälften: der öffentlichen und der privaten. Die öffentliche Sphäre der Arbeitswelt, Amtshandlungen, Geschäfte und Bürokratie unterscheidet sich radikal von der privaten der Familie, Freunde, Freizeit und Ferien. Was in der einen angebracht ist, ist in der anderen unmöglich. In der Öffentlichkeit ist grimmige Korrektheit angesagt. Privat schwelgen die Deutschen im gleichen Überfluss von Merkwürdigkeiten und Absonderlichkeiten wie jedes andere Volk unter der Sonne.

Als Ausländer wird man praktisch schon aufgrund der eigenen Position meist nur das öffentliche Gesicht der Deutschen sehen, und vielleicht niemals mehr als das. Das erklärt zu einem nicht unbeträchtlichen Teil die deutsche Reputation im Ausland. Maßlose Massen von Würstchen und Bier. Nicht zu vergessen die fachlichen Fähigkeiten im Ingenieurwesen. Und im Organisieren.

›› Als Ausländer wird man meist nur das öffentliche Gesicht der Deutschen sehen.

Jetzt, wo Deutschland eigentlich unerschütterlich dastehen könnte, zeigen sich schon wieder Risse. Auch notorische Fremdenversteher begreifen die Zeichen des Zeitgeistes nicht mehr und fürchten um ihre Zukunft. Die Deutschen selbst haben nicht so sehr Angst vor Ausländern, als vielmehr Angst vor einem schlechten Eindruck, den man im Ausland von ihnen bekommen könnte. Die Macht der deutschen Industrie und Finanzwirtschaft, abhängig von Exportmärkten, entfacht das nationale Gewissen. Werden wir arrogant? Versagt unsere Toleranz? Sind wir auf die schiefe Bahn geraten, die uns zurückführt in die schlechte alte Zeit? Es gibt auf diese Fragen keine eindeutigen Antworten; aber die Deutschen, Europas Neurotiker, begehren genau diese.

Wenn die Deutschen eine Lektion aus der Geschichte gelernt haben, dann die, dass es keine Zukunft außerhalb der Gemeinschaft der Völker gibt. Kein anderes Land legt mehr Wert auf die internationale Verständigung. Toleranz ist nicht nur eine Tugend, sondern eine Pflicht.

Wie andere sie sehen

Die Gefühle, die die Deutschen bei anderen hervorrufen, schwanken zwischen Bewunderung und Furcht. Sie werden als effizient, selbstbezogen, arrogant und dominant angesehen – und insgesamt ein bisschen zu tüchtig in der Industrie und was die Finanzen betrifft.

Die Briten vermissen bei den Deutschen Selbstbeherrschung und Zurückhaltung. Aber sie haben stets die deutsche Klugheit und Gründlichkeit bewundert, irgendwie verbunden mit der Vorstellung, dass von allen Europäern die Deutschen ihnen am ähnlichsten sind. Diese ulkige Illusion beruht wahrscheinlich auf dem Umstand, dass so viele Deutsche auf dem britischen Thron saßen oder ihm sehr nahe standen. Tatsächlich aber sind die Deutschen überhaupt nicht wie die Briten, sie könnten gar nicht verschiedener sein. Nehmen wir das offensichtlichste Beispiel: Die britische nationale Identität wurde um die Zeit der römischen Invasion herum gebildet und trotz gelegentlicher Kratzer nie wirklich in Frage gestellt. Deutschland wurde hingegen erst in den 1870er Jahren eine

›› Die Briten vermissen bei den Deutschen Selbstbeherrschung und Zurückhaltung.

Nation, als es von innen durch den preußischen „Eisernen Kanzler“ Bismarck erobert wurde. Die meisten Deutschen legen immer noch mehr Gewicht auf die regionale Identität und sehen sich z. B. zuerst als Schwaben, dann als Europäer und nur an dritter Stelle als Deutsche.

Die Franzosen betrachten die Deutschen mit argwöhnischer Abneigung und versuchen, sie durch freundliche Annäherung auf Distanz zu halten.

Den Italienern ist es unbegreiflich, wie sie ihren Alltag erfolgreich bewältigen, ohne irgend jemanden zu bestechen, aber sie sehen die Deutschen auch als völlig stillos und unelegant an.

Für die Österreicher ist ein guter Deutscher einer, der weit weg ist – möglichst jenseits des Atlantiks oder noch weiter. Während sie anerkennen, dass es eine kulturelle Affinität zwischen Wien und Berlin gibt, haben sie keinerlei Affinität zu ihren unmittelbaren Nachbarn, den Bayern.

›› Für die Österreicher ist ein guter Deutscher einer, der weit weg ist.

Für die Schweizer sind die Deutschen zwar grundsätzlich auf dem richtigen Weg, aber sie müssen sich noch etwas mehr anstrengen. In der Schweiz wird schließlich schon ein Müllbeutel in der falschen Farbe mit einer Geldbuße geahndet, während im „Großen Kanton“ nur die Nichtbenutzung strafbar ist.

Wie sie die anderen sehen

Die Deutschen lieben die Engländer im Allgemeinen über alles und haben in der Vergangenheit an der unerwiderten Liebe gelitten. England war das ultimative Vorbild mit seinen erstaunlich fortschrittlichen Errungenschaften in Politik, Gesellschaft, Industrie und Technologie. Die Engländer werden als sehr nett und meistenteils harmlos angesehen. Fast schon deutsch.

Die Amerikaner werden von den Deutschen wegen ihres geländegängigen Pragmatismus bewundert, aber ihre himmelstürmende Oberflächlichkeit stößt auf Ablehnung. Für die Deutschen sind die Vereinigten Staaten der Schuldirektor im Klassenzimmer der Nationen und sie werden daher mit Respekt, wenn auch nicht immer mit Zuneigung behandelt. Die Deutschen sind autoritätsgläubig. Nur wer gehorchen kann, kann auch befehlen, lautet ihr Glaubenssatz.

›› Die Amerikaner werden von den Deutschen wegen ihres geländegängigen Pragmatismus bewundert.

Mit den Italienern verbindet die Deutschen ein enges Zusammengehörigkeitsgefühl, da sie eine so lange gemeinsame Geschichte haben. Durch Kriege, Invasionen und andere Formen des Tourismus (das deutsche Wort „Reise“ bedeutete ursprünglich „Kriegszug“) wurde eine tiefe und langanhaltende Freundschaft begründet. Italienische Kunstschätze, Speisen und Strände werden hochgeschätzt. Eine weitere Gemeinsamkeit besteht darin, dass sowohl Italien als auch Deutschland erst im letzten Jahrhundert zu Nationalstaaten konsolidiert wurden und man sich in beiden Ländern nicht mehr ganz sicher ist, ob das wirklich so eine gute Idee war.

Die Franzosen werden als zivilisatorisches Schwergewicht bewundert und wegen ihrer leichtsinnigen Kultur bemitleidet. Denn die Franzosen mögen hochfliegende Geister haben, aber es mangelt ihnen an der Tiefe der Seele. Dennoch ist Frankophilie bei den Deutschen weit verbreitet, besonders in der Nähe der französischen Grenze.

> **›› Die Deutschen beneiden die Mittelmeeranrainer wegen ihrer entspannteren Lebensart.**

Wie ein Kind, das sehnsüchtig in Nachbars Garten schaut, beneiden die Deutschen die Mittelmeeranrainer wegen ihrer entspannteren Lebensart, ihres Kulturreichtums und des warmen Klimas, aber nur im Urlaub.

Das einzige Volk, dem die Deutschen uneingeschränkte Überlegenheit in allen teutonischen Tugenden zugestehen, sind die Schweizer. Beim eidgenössischen Perfektionismus hinsichtlich Ordnung, Pünktlichkeit, Sauberkeit und Gründlichkeit müssen selbst die Deutschen die Waffen strecken. Sie haben folglich auch nie Krieg gegen die Schweizer geführt.

Wie sie sich selbst sehen

Grundsätzlich sehen sich die Deutschen als bescheidene, ziemlich normale Leute. Ein Bier, eine Wurst, ein bisschen Gemütlichkeit und ein anderer Deutscher, mit dem man über Politik streiten oder den Stress bejammern kann, das ist alles, was sie zu ihrem Glück brauchen. Sie sind nicht habgierig, erwarten nichts geschenkt und zahlen ihre Rechnungen pünktlich. Quadratisch, geradlinig, gut.

Die Deutschen träumen gerne, betrachten sich als Romantiker. Nicht im Stil der südländischen Herz-Schmerz-Schnulzerei, sondern in der Art des stürmischen Genies. In jedem Deutschen steckt ein wenig von Beethoven mit seiner wilden Mähne, der durch die Wälder streift und über einen Sonnenuntergang im Gebirge in Tränen ausbricht, darum ringend, das Unausdrückbare auszudrücken. Dies ist die großartige deutsche Seele, die immer dann präsentiert wird, wenn es um Kunst, Gefühl und Wahrheit geht. Die Deutschen haben zwar nicht wirklich die Romantik erfunden (obwohl sie davon fest überzeugt sind), aber sie haben sie zumindest mit einer angemessen bedeutungsschweren und komplizierten philosophischen Ausstattung versehen.

›› Die Deutschen wissen nicht alles, sie wissen nur alles besser.

Sie selbst betrachten sich als fleißig, gründlich, ordentlich, zuverlässig, methodisch und umfassend gebildet. Entgegen landläufiger Überzeugung wissen die Deutschen nicht alles, sie wissen nur alles besser.

Besondere Beziehungen: Wie die Deutschen (West) die Deutschen (Ost) sehen – und umgekehrt

Vor 1990 waren die Westdeutschen leidenschaftlich dafür, dass die beiden deutschen Staaten wieder zusammenkommen sollten. So stand es jedenfalls im Grundgesetz. Dem

Deutschen, sonst eifrig auf Abgrenzungen aller Art bedacht, war die Mauer dennoch ein Dorn im Auge: Die Deutschen (West) hätten gern einen größeren Absatzmarkt gehabt, die Deutschen (Ost) wären gerne auch mal nach Hamburg oder München gefahren oder im Urlaub nach Mallorca.

Alle waren sich einig, dass die Wiedervereinigung eine geschichtliche Notwendigkeit sei. Dass ein historisches Ereignis mit Marktmechanismen allein nicht zu bewerkstelligen ist, war in der Finanzplanung der Deutschen nicht vorgesehen. Faktoren wie Mentalitätsunterschiede und gesellschaftliche Geborgenheit waren in der Bilanz nicht einkalkuliert. Seit der Wiedervereinigung treten die Unterschiede deutlicher in Erscheinung, als es den Beteiligten lieb ist, und man hat den Eindruck, dass Mauern in Deutschland eine ganz unerwartete metaphysische Existenz haben können.

›› Alle Wessis wissen, dass alle Ossis faul und wehleidig sind. Alle Ossis wissen, dass alle Wessis zynisch und betrügerisch sind.

Alle Wessis wissen, dass alle Ossis faul und wehleidig sind. Alle Ossis wissen, dass alle Wessis zynisch und betrügerisch sind. Das war schon immer so.

Zwei Staaten zusammenzufügen ist nicht billig, vor allem, wenn einer davon (um es in der Sprache der Immobilienmakler zu sagen) mit Begriffen wie „Entwicklungspotential", „historische Ausstattung" und „Originalsubstanz" beschrieben werden kann. Um dies alles zu bewältigen, wurde die Treuhandanstalt gegründet, die über Nacht zum größten Arbeitgeber der Welt wurde, mit 9000 Firmen, fast zwei Millionen Hektar Agrarflächen und zwei Millionen Hektar Wald unter ihrer Obhut. Die Treuhand hatte den Auftrag, soviel wie möglich zu privatisieren und den Rest zu schließen.

Das hat selbstverständlich den Verdacht der Ostdeutschen erregt, die das Gefühl bekamen, dass ihre wirtschaftlichen Errungenschaften zu Dumpingpreisen verkauft wurden und sie am Ende als Bürger zweiter Klasse dastanden. Die Spannung zwischen den beiden deutschen Hemisphären ist immer noch spürbar.

Während sich das Land in dieser Übergangsphase befindet, erleiden die Deutschen Angst wie nie zuvor, und die Seelensuche nimmt gigantische Ausmaße an. Als Folge haben sich die Deutschen noch stärker den Idealen der Europäischen Union verschrieben, um einen vergleichsweise stabilen Rahmen für das Durcheinander im Inneren zu haben.

Wie sie von anderen gesehen werden möchten

Die Deutschen sehnen sich danach, von anderen Völkern verstanden und geliebt zu werden, aber insgeheim sind sie auch stolz darauf, dass dies niemals der Fall sein wird. Wie könnten denn Außenstehende je eine so komplexe, tiefgründige Nation verstehen? Was können sie schon wissen über das Ringen des Deutschen mit seiner Identität und dem Drängen des gemarterten deutschen Geistes?

Die Deutschen möchten geachtet werden für ihre unbedingte Hingabe an Wahrheit und Wahrhaftigkeit. Es überrascht sie, dass dies manchmal als Taktlosigkeit oder Schlimmeres aufgefasst wird. Schließlich ist es doch eine Pflicht, jemanden zu berichtigen, wenn man genau weiß, das der andere sich im Irrtum befindet. Die Wahrheit ist doch sicher weitaus besser, als dem anderen etwas vorzumachen. Schade, dass Ausländer das nicht so richtig zu würdigen wissen.

Dass das Nachdenken der Deutschen über sich selbst von anderen Völkern als Nabelschau abgetan wird, ist ein sicheres Zeichen für deren Oberflächlichkeit. Beschwerden über die deutsche Schroffheit können nur auf Missverständnissen beruhen. Die Deutschen trösten sich damit, dass ihre Hingabe an die höheren Werte und ihre Treue gegenüber den Anforderungen des inneren Selbst zwangsläufig einige Leute vor den Kopf stoßen. Traurig, aber unabwendbar. Schließlich muss man im Leben Prioritäten setzen. Die hehren Prinzipien stehen einem allemal näher als die Mitmenschen, ob daheim oder im Ausland.

Außerdem hat diese Situation etwas wunderbar Tragisches: In der heroischen Aufopferung für die Ideale verzichtet man auf soziale Anerkennung und Liebe, die hohe Pflicht obsiegt über die dumpfe Neigung. So lässt die bittersüße Erfahrung der eigenen einsamen Erleuchtetheit einen Deutschen umso unbeirrter auf dem Pfad der tugendhaften Erkenntnis voranschreiten. Dass die anderen ein negativ verzerrtes Bild von ihm haben, nur weil sie nicht begreifen können, dass er lediglich ihr Bestes will, gehört zu den Härten des deutschen Daseins.

Ein guter Deutscher trägt seinen Weltschmerz vor sich her und lässt sich nicht dadurch beirren, dass man ihn missversteht.

Eigenarten & Gewohnheiten

Die Wichtigkeit, ernst zu sein

In Deutschland ist das Leben ernsthaft, und alles andere ebenfalls. Außerhalb von Berlin hört auch beim Humor der Spaß auf, und wer einen Witz erzählen will, sollte vorher einen schriftlichen Antrag einreichen.

Die Deutschen missbilligen jegliche Leichtfertigkeit, Unwesentlichkeit oder Zufälligkeit. Der Begriff der „Serendipität“ (etwas finden, ohne es gesucht zu haben) ist bisher noch nicht Teil ihres Wortschatzes. Das liegt daran, dass solche Sachen nicht ernsthaft sind. Es ist kaum vorstellbar (und sicherlich nicht wünschenswert), dass eine gute Idee entstehen kann ohne eine gründliche Vorausplanung durch dafür zuständige Spezialisten. Grundsätzlich würden die Deutschen lieber das Erfinden sein lassen, bevor sie eingestehen, dass Kreativität auf unkontrolliertem Chaos beruht.

Weil das Leben ernsthaft ist, halten sich die Deutschen an ihre Vorschriften. Schon Schiller schrieb: „Gehorsam ist die erste Pflicht“, und wenige Deutsche zweifeln daran. Es passt so gut zu ihrem Sinn für Ordnung und Pflicht. Die Deutschen hassen es, Regeln zu brechen, auch wenn das Leben dadurch schwieriger wird, denn es gilt als Prinzip, dass alles verboten ist, was nicht ausdrücklich erlaubt wurde. Wenn man rauchen oder den Rasen betreten darf, weist ein entsprechendes Schild ausdrücklich darauf hin.

» **Die Deutschen hassen es, Regeln zu brechen.**

Im Berufsleben bedeutet die Hingabe an die Ernsthaftigkeit, dass ein Buchhalter oder Elektroingenieur nicht einfach eine neue Karriere als Schmetterlingszüchter oder Aromatherapeut beginnt. Solch ein Sinneswandel würde als unverantwortliche Leichtfertigkeit aufgefasst werden.

Ordnung

Die Deutschen sind stolz auf ihre Effizienz, ihr Organisationstalent, ihre Disziplin, Sauberkeit und Pünktlichkeit. Diese Eigenschaften sind allesamt Ausdruck ihrer Ordnungsliebe, die weit mehr umfasst als nur einen aufgeräumten Schreibtisch. Deutsche Ordnung bezeichnet unter anderem Korrektheit, Reinheit, Angemessenheit. Kein Satz erwärmt das deutsche Herz mehr als „Alles in Ordnung“, und dem kategorischen Imperativ „Ordnung muss sein“, kann sich kein Deutscher entziehen.

›› Sie sind völlig perplex, wenn sie ins Ausland fahren und dort rußige Gebäude, abfallübersäte Straßen und ungewaschene Autos sehen.

Die Deutschen lieben Geräte, die funktionieren. Das ist absolut wichtig. Ein Auto oder eine Waschmaschine hat nicht schon sechs Monate nach dem Kauf den Geist aufzugeben. Das wäre nämlich nicht nur sehr ärgerlich, sondern sogar ein Verstoß gegen die Gesellschaftsordnung.

Sie sind völlig perplex, wenn sie ins Ausland fahren und dort rußige Gebäude, abfallübersäte Straßen und ungewaschene Autos sehen. Sie können dann Stunden damit verbringen, darüber nachzudenken, warum diese seltsamen Einheimischen solche Zustände ertragen, anstatt alles ordentlich zu organisieren. Selbst deren Sprachen sind unzuverlässig und verwirrend, da die Aussprache oft völlig losgelöst von der Schreibweise herumwuselt. Es widerspricht völlig der deutschen Logik, dass zum Beispiel die Engländer einen Familiennamen, der ganz einfach wie „Fanshaw" klingt, auf höchst umständliche Weise „Featherstonehaugh" schreiben. Ganz zu schweigen von der seltsamen Angewohnheit der Franzosen, nur die Hälfte der geschriebenen Buchstaben auch auszusprechen. Dass die Polen aus Stettin Szczecin gemacht haben – nun, was soll man dazu noch sagen.

In Deutschland ist so etwas sehr viel besser geregelt. Die Wörter mögen bisweilen zwar lang und kehlig sein, aber es gibt keine undurchschaubaren Tricks bei der Aussprache. So wie es geschrieben wird, wird es auch gesprochen. Man sieht gleich, was man vor sich hat. Die Straßen sind sauber, die Häuser frisch gestrichen, die Abfälle in den entsprechenden Behältern. Ordnung.

Einsortiert

Wenn man einem Deutschen rät, „einmal fünfe gerade sein zu lassen", wird man sogleich als Ausländer angesehen, oder als jemand, der psychotherapeutische Hilfe benötigt. Für einen Deutschen ist es von höchster Wichtigkeit, dass alles ordentlich getrennt, sortiert und kategorisiert wird, bevor man etwas erreichen kann: Gutes und Schlechtes, Notwendiges und Überflüssiges, Meins und Deins, Öffentliches und

Privates, Richtiges und Falsches. Zuverlässige Definitionen müssen geschaffen werden, um Männliches und Weibliches auseinanderzuhalten (nicht zu vergessen die zusätzliche deutsche Komplikation mit dem Neutrum).

Nur wenn alles vollständig in entsprechenden Schubladen verstaut worden ist, kann man wahrhaftig „alles in Ordnung" sagen. Daher rührt auch der berühmte kategorische Imperativ von Immanuel Kant, dem die ethische Unaufgeräumtheit der Welt zuwider war. Der durchschnittliche Deutsche mag zwar nicht immer unbedingt die geistigen Höhenflüge und abstrakten Verschachtelungen des Königsberger Philosophen nachahmen, dies jedoch nur wegen der mangelnden Sozialverträglichkeit im Alltag. Abweichendes Außenseitertum ist eine Schublade, in die nur wenige eingeordnet werden möchten.

Angst

Wie nicht anders zu erwarten, lauert in diesem deutschen Garten Eden eine Schlange: die Angst. Alle Deutschen werden von Ängsten und Zweifeln gequält, ihr Leben ist ein einziger Kampf gegen das Chaos. Es widerspräche völlig der deutschen Lebensauffassung, diese Weltuntergangsstimmung nicht ernst zu nehmen, und je länger man darüber nachgrübelt, desto mehr steigern sich die Ungewissheiten. Eigentlich erstaunlich, dass die große Katastrophe noch nicht eingetreten ist, aber lange kann es nicht mehr dauern. Das Leben ist so voller Risiken, es muss einfach schiefgehen.

In der deutschen Seele steht diese Angst vor dem Ungewissen im Mittelpunkt – und damit allen anderen Gefühlsregungen im Weg. Andere Empfindungen wie Spontaneität, Lebensfreude, Zuneigung werden so blockiert oder zu Umwegen genötigt. Die dadurch ausgelösten Kettenreaktionen könnten die Kompliziertheit der deutschen Psyche erklären.

Als Gegengewicht zu den Unsicherheiten des Daseins entwickeln die Deutschen auf der praktischen Ebene eine außerordentliche Energie, die sich im Streben nach Ordnung manifestiert.

Angst ist letztendlich dafür verantwortlich, dass die Deutschen alles regulieren, kontrollieren, überprüfen, nochmals überprüfen, beaufsichtigen, reservieren, versichern, testen, registrieren, dokumentieren, fotografieren und planieren. Insgeheim glauben sie, dass man eine überdurchschnittliche Intelligenz benötigt, um zu erkennen, wie gefährlich das Leben wirklich ist. Sie sind davon überzeugt, dass ihre Angst sich proportional zu ihren intellektuellen Fähigkeiten verhält.

» Insgeheim glauben die Deutschen, dass man eine überdurchschnittliche Intelligenz benötigt, um zu erkennen, wie gefährlich das Leben wirklich ist.

Gestrandet und auf Sand gebaut

Nirgendwo wird das deutsche Streben nach Sicherheit deutlicher als beim Urlaub an der Meeresküste. Hier erlangten die Deutschen ihren weltweit berüchtigten Ruf für die rücksichtslose Effizienz, mit der sie sich an den schönsten Sandstränden ihren Platz an der Sonne aneignen. Wie früh auch immer man sich bemüht an den Strand zu kommen, die Deutschen werden schon vor einem da sein und die besten Plätze mit Badehandtüchern reserviert haben. Es bleibt ein ewiges Rätsel, wie sie das zustande bringen, denn sie feiern wie alle anderen in den Bars und Tavernen bis in die frühen Morgenstunden.

Sobald die Deutschen ihren Strandabschnitt gesichert haben, graben sie sich sofort ein und befestigen das eroberte Territorium mit Verteidigungsanlagen. Von Deutschen besetztes Gelände ist stets eindeutig zu erkennen: Gewaltige Sandburgen bedecken das Terrain, eine pro Familie, meterhoch und mit Muscheln und verwesenden Seesternen dekoriert, gekrönt von Flaggen und Fahnen.

» Sobald die Deutschen ihren Strandabschnitt gesichert haben, graben sie sich sofort ein und befestigen das eroberte Territorium mit Verteidigungsanlagen.

Im Gegensatz zur restlichen Menschheit bleiben die Deutschen im Urlaub lieber innerhalb ihrer Sandburgen, mit denen sie dann ihr Revier markieren – zur Abgrenzung ihres Lebensraumes. Häufig stehen diese Atlantikwall-Variationen so eng zusammengepackt, dass es keinen Platz zum dazwischen Gehen mehr gibt. In extremen Fällen müssen die Angehörigen anderer Nationen auf nacktem Fels sitzen, da die Deutschen jedes verfügbare Körnchen Sand verbaut haben in den Festungen zur wehrhaften Verteidigung ihrer Badehandtücher.

Träumereien

Die Deutschen genießen es, sich in Fantasien zu flüchten, wenn die Wirklichkeit zu unangenehm wird. Niederlagen erfordern ein metaphysisches Auffangnetz; daher lieben es die Deutschen, sich in Träume zurückzuziehen. Nicht von ungefähr ist das deutsche Pendant zu der französischen Marianne, dem englischen John Bull oder dem amerikanischen Uncle Sam die Symbolfigur des verschlafenen Michel (benannt nach dem deutschen Nationalheiligen, dem heiligen Michael) mit der Nachtmütze. Heinrich Heine vermerkte dazu in „Deutschland. Ein Wintermärchen“:

> Franzosen und Russen gehört das Land,
> Das Meer gehört den Briten,
> Wir aber besitzen im Luftreich des Traums
> Die Herrschaft unbestritten.
>
> Hier üben wir die Hegemonie,
> Hier sind wir unzerstückelt;
> Die anderen Völker haben sich
> Auf platter Erde entwickelt.

Letztendlich ist die deutsche Träumerei aber weniger eine Tugend als aus der Not geboren: Ein nicht unbeträchtlicher Teil der deutschen Geschichte ist gekennzeichnet durch erhebliche Defizite in puncto Einigkeit, Recht und Freiheit. Die real existierende Politik auf deutschem Boden hat so oft den Handlungsspielraum des Einzelnen eingeschränkt, dass die drangsalierten Bürger nur noch in abgehobene Sphären des

Traums entschweben konnten. Die fehlende Bodenhaftung wird ersetzt durch gezieltes Augenverschließen nach dem Motto: Es gibt kein Problem, das wir nicht ignorieren können, wenn wir uns nur genug anstrengen.

Wie zuletzt in der DDR sucht man sich Nischen der privaten Innerlichkeit, um den unangenehmen Zuständen draußen vor der Tür zu entfliehen. Goethe bemerkte dazu: „Während aber die Deutschen sich mit Auflösung philosophischer Probleme quälen, lachen uns die Engländer mit ihrem großen praktischen Verstande aus und gewinnen die Welt."

Perfekter Idealzustand

Das berühmte deutsche Fliegerass des Ersten Weltkriegs, Manfred von Richthofen, soll einst den englischen Ausspruch „Nobody is perfect" mit „aber wir arbeiten daran" ergänzt haben. Der Perfektionismus ist eine der herausragenden Nationaleigenschaften der Deutschen, ein Segen für die Autoindustrie, aber im zwischenmenschlichen Bereich manchmal ziemlich nervig. Ein Kompromiss oder ein „Gut genug" ist nicht gut genug. Nur der Idealzustand genügt.

›› Ein Kompromiss oder ein „Gut genug" ist nicht gut genug.

Der Deutsche hat nicht den geringsten Zweifel daran, dass der Idealzustand auch wirklich existiert, irgendwo da draußen in ätherischen Sphären. Hier in irdischen Gefilden können wir natürlich nie das Ideal erreichen, sondern nur eine blasse Kopie davon. Plato mag ja Grieche gewesen sein, aber er dachte wie ein Deutscher.

Es ist daher nicht überraschend, dass die Deutschen sich mehr mit Ideen beschäftigen als mit Menschen. Um noch einmal Goethe zu zitieren: „Die Erfahrung ist immer eine Parodie auf die Idee.“

Ideen sind rein und klar und wunderbar, vor allem berechenbar; Menschen sind hingegen unzuverlässig und chaotisch. Zusammenstöße zwischen Idee und Realität sind unvermeidlich, doch damit haben die Deutschen sich abgefunden. Es macht das Leben so schön tragisch.

Diese Tragik kommt auch in den deutschen Legenden und literarischen Werken zum Ausdruck. Viele deutsche Helden scheitern, weil sie mit ihren Idealen an den Unzulänglichkeiten der Welt zerbrechen. Diesen traurigen Zustand zu bejammern ist eine Hauptbeschäftigung der Deutschen. Sie wälzen sich wohlig in ihrem Kummer, denn durch Klagen wird das Leben erst schön. An einer schlechten Erfahrung noch etwas Positives zu sehen oder aus einer schlimmen Situation noch das Beste zu machen, wäre für die Deutschen undenkbar.

Werte & Wandel

Bildung schätzen die Deutschen über alles, und sie stellen ihr Wissen nicht unter den Scheffel. In England mag vornehmes Understatement angesagt sein, nicht aber in Deutschland. Im geistigen Bereich gilt der Grundsatz „Stumm ist dumm", Zurückhaltung wird als Zurückgebliebenheit interpretiert.

Ihre überlieferten Kulturgüter pflegen die Deutschen mit Begeisterung. In anderen Ländern wird Kultur vielleicht als etwas angesehen, mit dem sich die gehobenen Schichten in ihrer Freizeit beschäftigen, für den durchschnittlichen Deutschen ist das nicht der Fall.

Immanuel Kants „Kritik der reinen Vernunft" kennt er selbstverständlich, genauso wie die wichtigsten Werke von Goethe und Schiller, die er mit leidenschaftlicher, wenn auch unkritischer Begeisterung gelesen hat.

Niemals würde ein Deutscher zugeben, einen Klassiker nicht zu kennen; schließlich stehen die unsterblichen Werke als ledergebundene Prachtausgaben in seinem Bücherschrank, wenn auch nur zur Dekoration.

Religion

Die protestantische Kirche hatte außerordentlichen Einfluss auf die Ausprägung des deutschen Charakters. Luther hat mit seiner Bibelübersetzung die neudeutsche Hochsprache geformt, und in seinen Lehren wird Gehorsam gegenüber der

Obrigkeit als religiöse Pflicht eingefordert. Nach der protestantischen Arbeitsethik existiert auch kein besonders tiefgreifender Konflikt zwischen materiellem Wohlergehen und der Aussicht auf das ewige Leben.

In Deutschland gibt es seit der Wiedervereinigung eine leichte protestantische Mehrheit. Traditionell überwiegen im Norden und Osten des Landes die Protestanten und im Süden und Westen die Katholiken. Die konfessionelle Grenzlinie entspricht zufälligerweise in etwa den Grenzen des Römischen Reiches, das vor rund zweitausend Jahren den Teil Germaniens beherrschte, der heute römisch-katholisch ist.

» Die konfessionelle Grenzlinie entspricht zufälligerweise in etwa den Grenzen des Römischen Reiches.

Die Beziehungen zwischen den beiden Kirchen gedeihen im ökumenischen Geist. Finanziert werden sie durch die Kirchensteuer, die die meisten Deutschen zahlen, auch wenn sie selten den Gottesdienst besuchen.

Dank dieser Steuer, die der Staat für die Kirchen allen ihren Mitgliedern automatisch von der Einkommenssteuer abzieht, sind die Amtskirchen finanziell gut ausgestattet. So können viele Kirchenobere Mercedes fahren, aber mit diesem Geld wird auch eine gewaltige Anzahl von sozialen Diensten und Wohlfahrtsprojekten bezahlt.

Krankenhäuser, Kindergärten, Altenheime und Schulen werden von den Kirchen unterstützt. Im Ausland organisieren sie Hilfsprogramme, vor allem in der Dritten Welt. Auch hierbei zeichnen sich die Deutschen aus; sie erbringen in

Europa das höchste Spendenaufkommen für wohltätige Zwecke.

Klassenkrampf

Die Deutschen haben kein Klassensystem mehr. Die alten Klassenunterschiede sind seit dem Zweiten Weltkrieg eingeebnet. Heutzutage gehören fast alle zur gleichen sozialen Schicht, die man grob als obere Untermittelmittelschicht beschreiben kann.

» Die alten Klassenunterschiede sind seit dem Zweiten Weltkrieg eingeebnet.

Es gibt eine kleine, aber bedeutsame Anzahl von Aristokraten, die jedoch unter sich bleiben, und ihren Reichtum, Landbesitz und Einfluss in sehr undeutscher Weise ziemlich bedeckt halten; viele senden auch ihre Sprösslinge auf englische Internatsschulen.

Nicht jedes „von" kennzeichnet einen Aristokraten; beim sogenannten „Gemüseadel" verweist es lediglich auf den Herkunftsort oder die Arbeitsstätte eines Dorfbewohners. Im Gegensatz zur britischen Tradition, Titel und vornehmen Namen nur dem ältesten Sohn zu vermachen, vererben deutsche Adelige sie an sämtliche Kinder.

Da Deutschland einst aus über 300 eigenständigen Staaten bestand, jeder mit seiner eigenen Oberschicht, gab es stets adelige Namen im Übermaß. Durch Heirat mit Bürgerlichen kann der Titel alle Klassenbarrieren überspringen, zumal die Bürgerlichen nach einer Scheidung den Titel nicht nur behalten, sondern auch an zukünftige neue Ehepartner und

Kinder weitergeben können, welche wiederum... usw. Das erklärt den erstaunlichen Überfluss an Adelstiteln im heutigen Deutschland. Es ist alles Teil eines cleveren Plans der Republik von 1919, durch eine Inflation von Aristokraten (zumindest dem Namen nach) die Titel letztendlich derart gewöhnlich werden zu lassen, dass sie keine Bedeutung mehr haben.

Reichtum und Erfolg

Insgesamt protzen die Deutschen nicht übermäßig mit ihrem Reichtum, von ein paar Neureichen abgesehen. Sie schätzen Qualität und sind bereit, dafür zu zahlen. Ihre Kleidung, Schuhe, Häuser und deren Inneneinrichtungen mögen nicht immer ästhetische Offenbarungen sein, aber sie sind solide verarbeitet und komfortabel.

» Insgesamt protzen die Deutschen nicht übermäßig mit ihrem Reichtum.

Es gibt eine relativ hohe Durchlässigkeit zwischen den sozialen Schichten, und das Gleitmittel dafür ist Geld. Sozialer Status definiert sich in erster Linie über das Einkommen, nicht mehr über Bildung und Herkunft. Diese früher sehr wichtigen Kriterien sind seit dem Ende des Zweiten Weltkriegs nur noch von geringerer Bedeutung. Die soziale Mobilität nach amerikanischem Muster setzt sich immer stärker durch, ausschlaggebend für die gesellschaftliche Position ist vor allem der Erfolg in der Leistungsgesellschaft. Der Lebensstandard ist hoch und man stimmt darin überein, dass jeder, der es sich leisten kann, das Beste verdient.

Auf den grünen Punkt gebracht

Eine Hauptsorge der Deutschen gilt der Umwelt. Nirgendwo sonst in der Welt sind Umweltbewusstsein und grüne Politik so bedeutsam und hochentwickelt wie in Deutschland. Dies war eine Reaktion auf die schwerwiegende Verschmutzung der Natur durch Industrieabfälle. Der Rhein war zeitweilig die Abwasserkloake für halb Europa; es hielt sich das Gerücht, dass man sogar Filme darin entwickeln konnte. Damals galt das Rheinwasser als Jungbrunnen: Wer davon trank, wurde nicht alt.

Bis 1989 galten Gebiete nahe der Zonengrenze als ideale Sondermülldeponien. Die Bundesrepublik exportierte – gegen harte Devisen – ihren Giftmüll auch in die DDR, wo er in den nächsten Fluss gekippt wurde, um zusammen mit DDR-eigenen Abwässern zurück in den Westen zu fließen.

›› Eine Hauptsorge der Deutschen gilt der Umwelt.

Aber was in der deutschen Öffentlichkeit wirklich einen Schock auslöste, war das Waldsterben. Die Erkenntnis, dass das Wirtschaftswunder ihre geliebten Wälder zerstörte, verursachte ein schweres Trauma.

Der Wald übt einen mächtigen Einfluss auf die Deutschen aus, auch wenn sie ihn selten aus der Nähe sehen. Er wird als natürliche Heimat der deutschen Volksseele betrachtet. Aus den Wäldern tauchten die Deutschen vor zweitausend Jahren auf und legten das Römische Reich in Schutt und Asche. Als Inbegriff des deutschen Mythos, als Flucht- und Angelpunkt des romantischen Gefühls ist der Wald für die Deutschen ein traditionelles Heiligtum, ein nationales Symbol, an dem sich niemand vergreifen sollte, ähnlich wie zum Beispiel andere Völker nichts auf ihre Rinder kommen lassen. Die Krise des Waldes war eine Krise der deutschen Seele.

Für die Umwelt werden zahlreiche Opfer gebracht und vielfältige Anstrengungen unternommen. Was auch durchaus der deutschen Mentalität entgegenkommt: Am deutlichsten wird das bei der Abfallpolitik, die den Deutschen zum Beispiel drei getrennte Recyclingcontainer für verschiedenfarbigen Glasmüll beschert hat. Säuberliches Trennen, nicht nur von Abfällen, ist den Deutschen nun einmal ein Grundbedürfnis.

Der Hausmüll wird gewissenhaft auf Papier-, Kunststoff-, Bio- und Restmülltonnen verteilt. Die Hersteller reduzieren den Verpackungsaufwand ihrer Produkte, bauen energiesparendere Geräte und machen ein glänzendes Geschäft mit der Öko-Schiene. Recycling ist das Zauberwort, das Herzen und Geldbeutel öffnet, auch wenn so manche Situation einfach absurd ist: Der so mühselig getrennte Müll wird auf den Deponien oftmals wieder zusammengeworfen. Und wenn die Nachfrage nach Recycling-Papier das Angebot zeitweilig rasant übersteigt, wird neues Papier eingestampft, um den Bedarf zu decken. Doch das stört die Deutschen wenig. Recycling ist eine wunderbare Idee, und das ist es, was wirklich zählt.

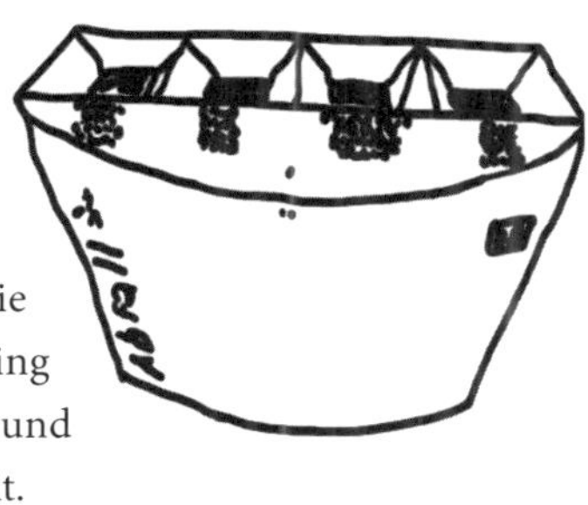

Mitmenschen & Zeitgenossen

Die Familie

Die Deutschen sind familienorientiert, aber insgesamt nicht wesentlich mehr als ihre Nachbarvölker auch. Die Familie ist das Ideal, in dem die deutsche Treue sich bewährt. Aber da auch die Ehepartner dem allgegenwärtigen Stress des modernen Lebens ausgesetzt sind, werden sie häufig zu Lebensabschnittsgefährten in fragmentierten Familienverbänden.

Insgesamt ist die deutsche Gesellschaft nicht besonders kinderfreundlich eingestellt. Ein Hund wird in der Öffentlichkeit meist freundlicher behandelt als ein Kind, das als laut und störend gilt, ein wandelnder Verstoß gegen das deutsche Bürgerrecht auf Ruhe und Ordnung. Was auch daran liegt, dass die meisten Deutschen in dünnwandigen Etagenwohnungen leben, wo Geräuschbelästigungen sogar für die übernächsten Nachbarn noch problematisch sind. Aber innerhalb der Familie wachsen die meisten Kinder in einer warmen, freundlichen Atmosphäre voller Gemütlichkeit auf.

›› Ein Hund wird in der Öffentlichkeit meist freundlicher behandelt als ein Kind, das als laut und störend gilt.

Der deutsche Begriff der Gemütlichkeit umfasst weit mehr als nur Komfort und Behaglichkeit. Er ist eng verbunden mit der Idee der „Heimat", als einem Ort der Wärme, Sicherheit und Geborgenheit, dem familiären Heim und Schutz vor der Angst, vor der kalten, ungewissen Welt.

Exzentriker

Die Deutschen machen sich nicht viel aus öffentlichen Darstellungen von Exzentrizität. Dies wird niemanden überraschen in einem Land, in dem sich Nachbarn über die ungeordnet aufgereihte Wäsche auf der Leine beschweren (und durchaus die Wäsche symmetrisch neu hängen).

Anpassung ist eine Tugend, Auffälligkeit ein Verbrechen. Wenn Sie als Ausländer in Metallic-Glitzerkleidung auf einem wimpelgeschmückten Dreirad herumfahren, werden die Deutschen Sie für geisteskrank halten, aber nachsichtig belächeln. Das gleiche Verhalten bei einem Deutschen hingegen veranlasst sie zu erbosten Maßregelungen, Anrufen bei der örtlichen Psychatrie und Sorgen über den Niedergang des Stadtviertels.

›› Anpassung ist eine Tugend, Auffälligkeit ein Verbrechen.

Die ältere Generation

In Deutschland fühlen sich Senioren in ihrem Element. Es scheint, als ob die Deutschen erst im Alter zu echten, typischen Deutschen werden. Nach ihrer Pensionierung entdecken sie in sich ein Potential an Konservatismus und Ordnungsliebe, das sie in ihrer verrückten Jugendzeit niemals für möglich gehalten hätten.

Die typischen deutschen Senioren (und es gibt nur typische) führen ein Leben in ständiger Wachsamkeit, um den Vorschriften und Verboten Geltung zu verschaffen, stets auf der Lauer, ob nicht ein Angehöriger der jüngeren Generation dagegen verstößt. Den Missetätern werden sodann ihre Verfehlungen nachdrücklich und lautstark vorgehalten.

Der Herbst des Lebens ist für die Deutschen die ernsthafteste Zeit ihres Daseins überhaupt, und man wird so gut wie nie einen älteren Deutschen in der Öffentlichkeit lächeln oder gar lachen sehen. (Sie erlauben sich höchstens in der Privatsphäre ihrer eigenen vier Wände ein seufzendes Schmunzeln.)

» Der Herbst des Lebens ist für die Deutschen die ernsthafteste Zeit ihres Daseins überhaupt.

Die übrigen Deutschen behandeln ihre Senioren mit dem ihnen gebührenden Respekt und können es kaum erwarten, eines Tages selbst zu dieser Elite zu gehören.

Zuwanderer

Anders als die Vereinigten Staaten, oder auch etwas weniger ausgeprägt, Großbritannien, ist Deutschland traditionell kein Schmelztiegel, in dem Einwanderer aus verschiedenen Kulturen zusammenkommen und zu einer neuen nationalen Identität finden. Die wenigsten Ausländer, die nach Deutschland kommen, sind echte Einwanderer, die auch die deutsche Staatsbürgerschaft erwerben wollen.

Die ursprünglichen Gastarbeiter planten eigentlich nur einen zeitlich begrenzten Aufenthalt. Sie wollten alle irgendwann wieder „zurück nach Hause", selbst wenn sie jahrzehntelang in Deutschland blieben. Mittlerweile leben viele in einer Art von geistigem und kulturellem Niemandsland ohne die Absicht, sich einen festen Platz innerhalb der deutschen Gesellschaft zu schaffen. Was die Deutschen auch nicht von ihnen erwarten.

Wie die Deutschen mit ihren ausländischen Minderheiten umgehen, wird weltweit sehr genau beobachtet. Ermutigenderweise engagiert sich die große Mehrheit der jüngeren Deutschen für solche Minderheiten und unterstützt eine multikulturelle Gesellschaft.

Gewalttätige Ausnahmen von dieser allgemeinen Regel geraten dann zwangsläufig in die Schlagzeilen. Nicht beachtet wird dabei, dass auf jeden Gewaltakt Hunderte von freundlichen Kontakten kommen.

Die Gastarbeiter wurden nach Deutschland eingeladen, sie erledigten die Arbeiten, die die Deutschen nicht machen wollen, durch sie wurde die etwas provinzielle deutsche Gesellschaft kosmopolitisch, und sie haben die deutsche Gastronomie außerordentlich bereichert.

» Die Gastarbeiter haben die deutsche Gastronomie außerordentlich bereichert.

Die größte Gruppe unter den etwa sieben Millionen Ausländern, die zur Zeit in der Bundesrepublik wohnen, sind die Türken, von denen viele der jüngeren schon in der dritten Generation hier leben. Die Probleme, mit denen sie manchmal konfrontiert sind, gibt es auch in anderen europäischen Ländern mit vergleichbaren Minderheiten.

Die früheren Gastarbeiter aus Italien, Spanien, Portugal und Griechenland sind schon lange als EU-Inländer voll integriert.

Neuerdings ergibt sich für die Deutschen ein anderes Problem: Hunderttausende von wirtschaftlichen und politischen Flüchtlingen aus Osteuropa, Asien und Afrika kommen ins Land und machen Ansprüche auf Wohnung und Arbeit geltend. In der DDR waren die Grenzpolizisten damit beschäftigt, Leute im Land zu halten. Jetzt müssen sie Leute draußen halten. Der Witz dazu:

Warum beneiden die Deutschen die Chinesen?
Weil die noch ihre Mauer haben.

Tiere

Wer eine unfreundliche (oder auch nur leicht kritische) Äußerung über den Hund eines Deutschen macht, riskiert Kopf und Kragen. Alle Hunde sind wundervoll, und alle deutschen Bürgersteige sind ihr Hundeklo. Ein Deutscher ohne Hund ist selten (und wahrscheinlich abartig). Katzenhalter sind sicherlich Kommunisten und dürfen auf offener Straße erschlagen werden. Sollte sich der Nachbar einen Wellensittich oder Hamster zulegen, so wird ein Deutscher in eine andere Straße oder besser gleich in eine andere Stadt umziehen wollen.

» Alle Hunde sind wundervoll, und alle deutschen Bürgersteige sind ihr Hundeklo.

Eine allseits uneingeschränkt beliebte Gattung sind hingegen Gummibärchen, die gerade in Deutschland ihr natürliches Habitat haben. Besorgte Tierschützer protestieren aber gegen die Massentierhaltung von Gummibärchen in großen

Plastiktüten und fordern Freigehege oder zumindest den Zweierpack. Eigentlich müssten diese süßen Tierchen vom Aussterben bedroht sein, da sie täglich zu Tausenden verspeist werden, aber irgendwie können sie sich immer wieder ausreichend fortpflanzen, so dass ihr Artbestand auch längerfristig gesichert erscheint.

Sitten & Bräuche

Die Umgangsformen der Deutschen können im besten Fall als robust bezeichnet werden. Wenn man auf der Straße angerempelt wird, sollte man keine Entschuldigung erwarten, allenfalls einen vernichtenden Blick, weil man die Dreistigkeit und Unachtsamkeit besaß, sich von jemand anderem auf die Füße treten zu lassen.

Der vernichtende Blick ist eine deutsche Eigenheit; schon im Kindergarten kann man beobachten, wie ihn die Kleinen einüben. Er wird oft von einer gemurmelten Bemerkung begleitet, die den Geisteszustand des Gegenübers in Frage stellt. Zugleich wird aber Distanz gehalten, indem man das formelle „Sie" in der Anrede benutzt. Selbst wenn ein Deutscher einen anderen niederrempelt, vernichtend anblickt und die schwersten Beleidigungen brüllt, wird er immer noch die höfliche Anredeform benutzen. Schließlich will man ja niemandem zu nahe treten.

Rechthaberei

Als Ausländer ist man gelegentlich von der Unverblümtheit und Direktheit der Deutschen vor den Kopf gestoßen. Die deutschen Quadratschädel haben nun einmal zwangsläufig ihre Ecken und Kanten, und nicht von ungefähr sagen die Italiener *„I tedeschi sono troppo quadrati“* (Die Deutschen sind viel zu quadratisch).

Kein Mensch gibt gerne zu, dass er einen Fehler gemacht oder sich geirrt hat, und die Deutschen schon gar nicht. Mit ihrer unerschütterlichen Überzeugung, dass es auf alle Fragen eine (!) richtige (!) Antwort gibt, verhalten sie sich bei Meinungsverschiedenheiten oft wie der sprichwörtliche Elefant im Porzellanladen. Andere Auffassungen zu akzeptieren ist ihre Sache nicht. Und schon gar nicht die in anderen Kulturkreisen gepflegte Rücksichtnahme auf die Gefühle des Gesprächspartners. Wenn Deutsche ihre Überzeugungen kundtun, legen sie keine Hemmungen an den Tag. Schließlich geht es ihnen um die Sache, nicht um die Person. Sie sagen also nicht: „Ich bin mir nicht ganz sicher, ob ich damit übereinstimmen kann“, sondern: „Das ist falsch!“

» Als Ausländer ist man gelegentlich von der Unverblümtheit und Direktheit der Deutschen vor den Kopf gestoßen.

Das Bedürfnis, stets recht zu haben, fördert das Denken in den rechten Winkeln von genau abgegrenzten Entweder-Oder-Feldern. Klarheit und Eindeutigkeit sind gefragt, keine eleganten Wortgeplänkel. Die Deutschen sagen, was sie meinen, und meinen, was sie sagen:

Ein Deutscher fragt einen anderen: „Wissen Sie, wie spät es ist?“

Der Angesprochene blickt auf seine Uhr und sagt: „Ja, das weiß ich.“

„Danke sehr.“

Schlangestehen

Die Deutschen halten nicht viel vom Schlangestehen. An Bushaltestellen tun sie es aus Prinzip überhaupt nicht. Schließlich würde der Bus dadurch auch nicht schneller weiterfahren, und einen Sitzplatz ergattert man nur mittels Ellenbogen und vernichtender Blicke.

Vor Supermarktkassen stellen sich die Deutschen zwar an, aber nur widerwillig und weil es keine andere Möglichkeit gibt. Anders sieht es nämlich im gleichen Supermarkt schon an der Wurst- und Käsetheke aus, wo Vordrängeln ein beliebtes Spiel ist. Sobald die räumliche Situation ein wenig unübersichtlich wird – wie es an Bushaltestellen eben immer ist –, kommt es zum freien Spiel der Kräfte.

» Vor Supermarktkassen stellen sich die Deutschen zwar an, aber nur widerwillig und weil es keine andere Möglichkeit gibt.

Nun fragt man sich unwillkürlich, wie in diesem ordnungsliebenden Land ein derartiges Chaos im Alltag walten kann. Eine Erklärung wird darin gesehen, dass den Deutschen ein natürlicher und mit großer Selbstverständlichkeit ausgeübter Respekt vor anderen fehlt. Rücksicht nehmen, den Vortritt lassen, den Platz des anderen anerkennen – das sind keine deutschen Tugenden. Eine andere Erklärung mag darin liegen, dass Supermärkte, Warenhäuser und Bushaltestellen einen höchst ambivalenten Bereich in der Trennung zwischen Privatheit und Öffentlichkeit darstellen, der aufgrund seiner Anonymität keiner sozialen Kontrolle unterliegt und deshalb auch Eigenheiten ungezügelter individueller Drängelei zum Durchbruch kommen lässt. In den Firmenkantinen jedenfalls funktioniert das Schlangestehen mit militärischer Präzision.

Begrüßungen

Händeschütteln ist bei den Deutschen unvermeidlich. Als Ausländer tut man gut daran, sich beizeiten mit dieser Sitte abzufinden. Man schüttelt sich die Hand, wenn man sich trifft, wenn man sich verabschiedet, wenn man kommt, wenn man geht, wenn man sich einigt und wenn man sich darauf einigt, sich nicht zu einigen.

Ein kräftiger Händedruck, der mindestens ein halbes Dutzend der kleineren Handknochen auskugelt, gehört zum guten Ton. Wenn dabei die Hand auch noch längere Zeit gequetscht wird, gilt das als Zeichen aufrichtiger Freundlichkeit und besonderer Herzlichkeit. Sollte also ein Deutscher einem in dieser Weise die Hand zerdrücken und nicht einmal davon ablassen, wenn einem bereits schwarz vor Augen wird, dann bedeutet dies einfach, dass er einen besonders gern hat.

›› Ein kräftiger Händedruck gehört zum guten Ton.

Während das Händeschütteln sich zu einer raffinierten, aber schmerzhaften Kunstform entwickelt hat, sind die Deutschen weniger geschickt beim Vorstellen. Treffen Sie zufällig einen deutschen Bekannten mit einem Unbekannten im Schlepptau, dann wundern Sie sich nicht, wenn Sie nicht vorgestellt werden. Ihr Freund mag durchaus anhalten und sich nach Ihrem Wohlergehen erkundigen. Sich vielleicht sogar in eine intensivere Konversation mit Ihnen vertiefen. Seine Begleitung wird derweil danebenstehen, ihre Fingernägel inspizieren, die Brille polieren und das gesamte sonstige Repertoire an Verlegenheitshandlungen nach bestem Bemühen abarbeiten. Ihr Freund wird ihn gekonnt ignorieren und sich scheinbar in keiner Weise von seiner misslichen Lage berührt fühlen.

›› Wundern Sie sich nicht, wenn Sie bei einem zufälligen Treffen nicht vorgestellt werden.

Lassen Sie sich nicht täuschen. Hinter der granitharten Fassade wird Ihr Bekannter Höllenqualen an Beschämung und Peinlichkeit erleiden, da er einfach nicht weiß, wie er den Unbekannten elegant in die Konversation einbeziehen könnte.

Es gibt eine telefonische Entsprechung dieses Versagens: Sollte Ihr deutscher Gastgeber in Ihrer Gegenwart einen Anruf annehmen, dann wird er den Anrufer niemals Ihre Anwesenheit wissen lassen. Sie müssen sich dann zurücklehnen und abwarten, während diese endlose Abfolge von Grunzern und einsilbigen Lauten ertönt, die ein deutsches Telefonat ausmachen. Und erwarten Sie keine Entschuldigung oder Erklärung, wenn Ihr Gastgeber sich schließlich wieder Ihnen zuwendet. Das wäre ihm nicht zuzumuten. Seien Sie so nett und tun Sie so, als wenn nichts passiert wäre: Ihr Gastgeber wird Ihnen unendlich dankbar sein.

Siezen & Duzen

Die formellen Regeln für diese Höflichkeitsform sind einfach. Wenn man jemandem zum ersten Mal begegnet, ist normalerweise die Anrede mit „Sie" angebracht. Dies wird so lange fortgesetzt, bis das persönliche „Du" einfach unvermeidlich geworden ist (beispielsweise wenn man sich die erste postkoitale Zigarette teilt und sich erkundigt, wie es denn war usw.). Als allgemeine Richtlinie gilt, dass bei zunehmender Verwendung des Vornamens auch der Übergang zum „Du" angebracht ist.

Das soziale Umfeld, in dem man sich bewegt, liefert ebenfalls Anhaltspunkte. Grundprinzip: Im beruflichen Bereich sollte man nicht von der formellen Ebene abweichen. Die Deutschen werden ihre Arbeitskollegen, mit denen sie seit Jahrzehnten ein gemeinsames Büro teilen, weiterhin mit „Sie" anreden, und ein Chef, der seine Sekretärin mit dem Vornamen anspricht, würde sich automatisch dem Verdacht aussetzen, eine Affäre mit ihr zu haben.

» In studentischen und nonkonformistischen Kreisen gilt das Duzen als absolutes Muss.

In anderen Bereichen hingegen ist das Duzen die Regel: In studentischen und nonkonformistischen Kreisen gilt es als absolutes Muss, auch gegenüber völlig Fremden, will man nicht in den Ruf der Verklemmtheit geraten.

Das starke Widerstreben der Deutschen, sich im Umgang miteinander leichter auf eine weniger formelle Ebene einzulassen, spiegelt die Ernsthaftigkeit wider, die sie einer Freundschaft beimessen. Viele Deutsche erreichen den Übergang von der Bekanntschaft zur Freundschaft nur über einen langwierigen Prozess mit fein austarierten Abstufungen. Die strikte Trennung von öffentlichem und privatem Leben hat zur Folge, dass die Deutschen privat offenherzig und verlässlich sind. Vorgetäuschte Freundlichkeit liegt ihnen fern, sie lehnen es ab, Sympathie zu heucheln, nur um einen Vorteil zu erlangen.

Höfliche Phrasen sehen die Deutschen als Heuchelei an, und Fremden und Bekannten gegenüber verhalten sie sich lange Zeit eher reserviert. Aber wenn man bei ihnen erst einmal den Rubikon des „Du" überschritten hat, fallen alle Vorbehalte weg, und man hat einen Freund fürs Leben gewonnen.

Freizeit & Vergnügen

Schlichter Müßiggang ist für die Deutschen problematisch, denn da zwangsläufig alle Zwänge entfallen, sagt niemand, was man zu tun hat, und ob man es auch vorschriftsmäßig durchführt. Um diese grauenhafte Situation zu bewältigen, tun die Deutschen das, was sie am besten können: Sie machen Arbeit daraus. Einem Deutschen beim Entspannen zuzuschauen ist so unglaublich ermüdend, dass man gerne für eine Weile die Füße hochlegen möchte.

Nie wird man eine Gruppe Deutscher dabei beobachten können, wie sie nur faul im Park in der Sonne herumdösen. Freizeit ist eine Chance, seine Kenntnisse und Fähigkeiten in allen Gebieten zu verbessern. Am Montagmorgen erfährt man von Deutschen, wie sie das Wochenende mit einem Intensivsprachkurs in Altisländisch oder einem Autoreparatur-Workshop für alleinstehende Mütter verbracht haben.

Alle diese Aktivitäten werden mit der gleichen Energie und Gründlichkeit angegangen wie die Aufgaben im Beruf. Für die Deutschen ist es Ehrensache, dass man Hobbys niemals zum Selbstzweck ausarten lässt, sondern stets zielgerichtet auf einen Nutzen hinarbeitet.

Vereine

Die Deutschen lieben Vereine. Es heißt, dass sie automatisch einen gründen, sobald drei Landsleute zusammenkommen.

Wenn man eine Gruppe von Deutschen auf Reisen antrifft, sind sie wahrscheinlich auf einem Vereinsausflug. Es gibt Unmengen von Vereinen: Allein die Zahl der Gesangsvereine in Deutschland beträgt über zehntausend; in ähnlichen Größenordnungen bewegen sich auch die organisierten Anhängerschaften anderer Hobbys. Viele Vereine haben weit zurückreichende Traditionen wie zum Beispiel Schützen- und Jagdvereine, von denen einige bis ins Mittelalter zurückgehen.

Die Vorliebe für Vereine entspringt der deutschen Abneigung gegen unorganisierte Tätigkeiten im Allgemeinen. Eine organisierte Gruppe hingegen bietet Ansehen und die Möglichkeit des gesellschaftlichen Aufstiegs. Was kann es Schöneres geben, als sich hochzuarbeiten vom Vereinssekretär zum Schatzmeister, stellvertretenden Vorsitzenden, Vorsitzenden. Alles wird mit größter Ernsthaftigkeit betrieben. Und wenn man dann einmal im Rahmen gemeinsamer Unternehmungen eine Wanderung oder eine Bergbesteigung auf sich nehmen muss, ist das ein Preis, den man gerne bereit ist zu zahlen.

›› Die Vorliebe für Vereine entspringt der deutschen Abneigung gegen unorganisierte Tätigkeiten im Allgemeinen.

Schon in jungen Jahren beginnen die Deutschen mit der Vereinsmeierei. Da in den Schulen nur wenig Sport betrieben wird, bieten allein die Vereine Möglichkeiten zum Training und Zugang zu Sportanlagen. Diese früh erworbenen Angewohnheiten bleiben meist lebenslang. Es ist nicht ungewöhnlich, dass ein Deutscher mit den Insignien seines Kegel- oder

Angelvereins beerdigt wird, so wie Fußballfans die Namen für ihre Kinder aus dem Kader ihres Vereins beziehen.

Ein spezifisch deutsches Phänomen sind die studentischen Verbindungen. Das sind grundsätzlich Trink- und Fechtclubs, aber mit viel Brimborium und Ritual, Mottos und Monogrammen, farbigen Bändern, Aufnahmeprozeduren und dem Absingen von Trinkliedern. Die im Ausland weitverbreitete klassische Karikatur des Deutschen mit dem narbenzerfurchten Gesicht hat ihren Ursprung in den seltsamen Bräuchen der Studentenverbindungen. Sogenannte Mensuren, Säbelduelle mit rasiermesserscharfen Klingen, werden auch heute noch in vielen Verbindungen als Mutproben verlangt.

Eine der Hauptfunktionen eines Vereins ist es, eine gewisse Exklusivität zu schaffen, indem Abgrenzungen gegenüber Außenstehenden geschaffen werden und den Mitgliedern eine Gruppenidentität vermittelt wird. So können Menschen ein Gefühl der Zusammengehörigkeit entwickeln, die sonst vielleicht nur wenig gemeinsam haben.

Ein Verein verleiht auch dem, was seine Mitglieder gemeinsam betreiben, eine gewisse Würde. Einen einzelnen Schuhplattler-Tänzer mag man verspotten, über einen Verein mit zwanzig Tänzern wird man sich nicht so schnell lustig machen. Ein charakteristischer Ausspruch in deutschen Vereinen ist: „Hier sind wir unter uns", womit man die private Sphäre innerhalb der Gruppe betont und deutlich macht, dass die Beschränkungen des öffentlichen Lebens hier keine Geltung haben.

Sport

Für die Deutschen ist Sport ein willkommener Vorwand dafür, sich auch an Samstagen und Sonntagen mit anstrengender Arbeit zu verausgaben. Sport wird nicht wie in England als Mittel zur Charakterbildung gesehen. In dieser Leistungsgesellschaft dient sportliche Betätigung der organisiert betriebenen Steigerung und Zurschaustellung der eigenen Fitness.

Jeder dritte Deutsche ist Mitglied einer Sportvereins. Fußball ist der beliebteste Zuschauersport und die nationale Leidenschaft schlechthin, während Tennis nach dem Wimbledon-Turnier 1985 zeitweise praktisch über Nacht zu einem zweiten Nationalsport wurde. Boris und Steffi wurden als Helden verehrt und für die hart erarbeiteten Siege bewundert. Mittlerweile nimmt der Fußball seine Spitzenposition wieder ziemlich unangefochten ein und die gesellschaftliche Stellung von Mitgliedern der „Mannschaft" gleicht der von Nobelpreisträgern und Religionsstiftern.

Schnäppchenjagd

Das Leben der Deutschen wird von klaren und einsichtigen Regeln beherrscht. Sie wissen, dass es nichts umsonst gibt. Sie wissen, dass Qualität ihren Preis hat. Aber dennoch möchten sie gern etwas geschenkt bekommen. Dieser Charakterzug mag Außenstehenden liebenswert oder lächerlich vorkommen, aber für die Deutschen ergibt sich daraus eine ihrer wichtigsten Freizeitbeschäftigungen, die Schnäppchenjagd.

Jeden Samstagmorgen schwingen sich die Schnäppchenjäger in ihre Wagen und tuckern über verstopfte Straßen, um auf der grünen Wiese errichtete Möbelhäuser und andere Einkaufszentren aufzusuchen. Dort gibt es dann Sonderangebote wie zum Beispiel einen um 25 % reduzierten Esstisch (es fehlt nur ein Bein) oder eine Packung violetter Kerzen für nur noch 8,90 statt 9,80 Euro.

Kein ernsthafter Deutscher zögert auch nur eine Minute, wenn es darum geht, ein langes Wochenende durch die Stadt zu fahren und Unmengen von Kohlenmonoxid, Kohlendioxid und andere Luftverpester freizusetzen, nur um den niedrigsten Preis für eine energiesparende, umweltschonende Waschmaschine herauszufinden. Ein Schnäppchen ist und bleibt eben ein Schnäppchen.

Sex

Die Deutschen haben genausoviel Spaß am Sex wie andere Völker auch und sind auf diesem Gebiet bemerkenswert tolerant und aufgeschlossen. Die Dinge werden offen beim Namen genannt. Tiefschürfende Diskussionen über die problematischeren Aspekte dieser zwischenmenschlichen Beziehungsebene sind allgegenwärtig. Jegliches Anzeichen von Peinlichkeit wird als Verklemmtheit ausgelegt, die der psychotherapeutischen Behandlung bedarf.

Die Verführungstechniken sind eher enttäuschend, viele Deutsche verlassen sich auf die uralte Methode, ihre Opfer so lange zu langweilen, bis diese aus Verzweiflung nachgeben.

Ist erst einmal alles in die gewünschten Bahnen gelenkt, so stelle man sich darauf ein, mit volltönenden Lauten und Worten der Befriedigung und Ekstase (oder gegebenenfalls der Enttäuschung) überschüttet zu werden. Und man wundere sich nicht über freimütige Äußerungen hinsichtlich der Technik, Dauer etc.

Falls man im Liebesleben allerdings subtilere Formen sinnlichen Rausches und glühenden Verlangens bevorzugt, sollte man eher nach Frankreich als nach Deutschland fahren. Bei den Deutschen hat es mehr Ähnlichkeit mit einer anstrengenden Leibesübung oder gar mit einem kleinen chirurgischen Eingriff.

Kulte & Rituale

Mit vielen Dingen treiben die Deutschen einen regelrechten Kult. Die Beschäftigung mit ihren Zwangsvorstellungen dient ihnen geradezu als Erholung. Ihre einschlägigen Lieblingsthemen, über die sie sich endlos auslassen können, sind der Zustand ihrer Gesundheit und der Gesellschaft. Beide stehen ihrer Überzeugung nach kurz vor dem endgültigen Zusammenbruch. Ein Blick auf die Titelseiten der deutschen Nachrichtenmagazine reicht aus, um die aktuellen Versionen dieser Themen in Erfahrung zu bringen: „Werden die Deutschen unfruchtbar?“, „Ist Deutschland am Ende?“, „Stirbt der deutsche Roman?“ sind typische Aufmacher. In den dazugehörigen Titelgeschichten werden diese Krisen tiefschürfend erörtert mit vielen Kommentaren von einschlägigen Experten (ein anständiger Deutscher wird nur einem Experten Glauben schenken). Nach zehn bis fünfzehn Seiten Analyse gelangen diese Artikel zu der fundierten Erkenntnis, dass es ganz sicher von nun an bergab geht.

›› Die Beschäftigung mit ihren Zwangsvorstellungen dient den Deutschen geradezu als Erholung.

Die Deutschen erwecken den Eindruck, als seien sie ständig in einer Krisensituation. Das sind sie auch. Für die Deutschen ist das Leben ein permanenter Alarmzustand. Krisen sind ihre Leidenschaft.

Autos

Eine weitere Leidenschaft der Deutschen sind ihre Autos, die mehr als alles andere geliebt werden. Während die Italiener solche innigen Empfindungen für ihre Kinder reservieren, behalten die Deutschen ihre Kinder im Haus, damit die Autos sicher auf den Straßen spielen können.

Deutsche Autos sind gepflegt, poliert und blitzsauber. Nur ein wahrer Banause (oder ein Ausländer) würde in einem ungewaschenen Wagen herumfahren. Ein derartiges Individuum könnte sich überall vorwurfsvoller Mienen und vernichtender Blicke sicher sein.

Autos genießen einen göttlichen Status in Deutschland. Auf dem Altar der Automobilität werden Opfer dargebracht, nicht nur finanzielle, sondern auch Menschenopfer, meist in spontanen Ritualhandlungen, die „Verkehrsunfälle“ genannt werden.

Für die Deutschen sind Autos nicht nur Statussymbole, sondern Identitätsstifter. Das Auto, das ein Deutscher fährt, sagt mehr über seine Persönlichkeit aus als das Sternzeichen.

» Das Auto, das ein Deutscher fährt, sagt mehr über seine Persönlichkeit aus als das Sternzeichen.

Sogar große historische Ereignisse werden durch automobile Überlieferungen symbolisiert. Der Fall der Mauer wird von den Deutschen für immer mit den Trabbis assoziiert werden. Diese Küchenmixer auf Rädern standen symbolisch für alle Missstände in der DDR. Der Untergang dieses Regimes war endgültig besiegelt, als die Trabbis nach dem Fall der Mauer in langen Kolonnen gen Westen knatterten. Die DDR-Bürger wurden autonom.

Autorität

Die Engländer haben für den Umgang mit Ausländern eine Strategie entwickelt, die selten versagt: Wenn die Ausländer nicht verstehen, was man ihnen sagt, brüllt man sie im Befehlston an. Alle Kommunikationsprobleme lösen sich so im Handumdrehen.

›› Die Obrigkeit ruft traditionell Urinstinkte der Abhängigkeit und Unterwürfigkeit hervor.

Die Deutschen sind durch solches Verhalten besonders leicht zu beeindrucken. In ihrer hierarchischen und rigide geordneten Gesellschaft wird es kaum jemand wagen, sich einer Person entgegenzustellen, die mit einer autoritären Ausstrahlung von anderen Loyalität und Gehorsam fordert. Führungspersönlichkeiten mit Macht und Willenskraft werden allgemein bewundert (aber leider auch manche Größenwahnsinnige). Heutzutage versuchen die meisten Deutschen, etwas kritischer zu sein, aber es verbleibt immer noch ein hoher Respekt für Autoritätspersonen. Deren abstraktere Version, die Obrigkeit, ruft traditionell bei den Deutschen Urinstinkte der Abhängigkeit und Unterwürfigkeit hervor. Dieser Untertanengeist wird als staatstragende Pflicht und Treue angesehen.

Sich einem höheren, im Falle des Staates vielleicht sogar fast göttlichen Willen zu unterwerfen, ist für die krisengeschüttelte deutsche Seele von mehrfachem Nutzen: Das Aufgehen in einer stärkeren Macht bietet die Geborgenheit einer festen Identität und verdrängt so Existenzängste und Ungewissheiten. In der Befehlshierarchie herrschen Klarheit, Eindeutigkeit, Sicherheit, Ordnung; kurz: alles, was das deutsche Herz höher schlagen lässt und die Nerven beruhigt. In letzter Zeit sind bei der deutschen Neigung zur Unterwürfigkeit allerdings gewisse Auflösungserscheinungen zu beobachten. Der Einfluss europäischer Nachbarvölker führt teilweise zu veränderten Verhaltensweisen gegenüber Autoritäten: Immer häufiger reagieren Deutsche nicht mehr mit der üblichen Beflissenheit, sondern mit einem spanischen Schulterzucken, einem italienischen Ausweichmanöver oder englischer Ironie.

Witz & Humor

Die Deutschen nehmen den Humor sehr ernst. Da gibt es nichts zu lachen. Ihr Stil ist rau, beißend und satirisch. Besonders die Kabarette im Berlin der Weimarer Republik waren dafür berühmt und berüchtigt. Die Tradition des politischen Kabaretts hat sich bezeichnenderweise in der DDR besonders erhalten, da der Reiz in der Gratwanderung zwischen Zensur und Improvisation lag.

Im Ausland ist der deutsche Humor fast unbekannt, da sich die besten Witze kaum übersetzen lassen. Ins Englische übersetzt sind viele deutsche Witze nicht wesentlich lustiger als der durchschnittliche Kassenzettel. Wenn man jedoch schon einige Grundzüge der deutschen Sprache gelernt hat, erkennt man schnell, dass das Alltagsleben der Deutschen von einem reichhaltigen Humor durchdrungen ist. Aber er ist hauptsächlich von den Umständen abhängig und eine Frage des Kontextes. Im wohlgeordneten Leben der Deutschen hat der Humor seinen festen Platz, er bedarf der Vorwarnung und unterliegt der Kennzeichnungspflicht. Das Ordnungsprinzip bewirkt, dass Humor nicht als Schmiermittel für das tägliche Räderwerk benutzt werden darf. Man erzählt seinem Chef keine Witze (während gelegentliche Lockerheit unter Kollegen gestattet sein mag) und hält seine Verkaufsgespräche oder Vorlesungen frei von Lacheinlagen. Ironie ist kein star-

» Humor bedarf der Vorwarnung und unterliegt der Kennzeichnungspflicht.

ker deutscher Charakterzug und wird leicht als Sarkasmus oder Spott missverstanden.

Der Humor der Deutschen pflegt ein Zielobjekt stets in gerader Linie anzuvisieren. Schließlich wirft man sich keine Sahnetorte ins eigene Gesicht. Während sie gerne über andere (d.h. andere Deutsche) und vor allem über deren Missgeschicke lachen, erlaubt ihnen ihr wackeliges Selbstbewusstsein nicht, sich selbst auf den Arm zu nehmen.

Witze über Ausländer sind tabu, erst nach der Wiedervereinigung gab es Witze über Ostdeutsche. Oft beruht der deutsche Humor auf den Unterschieden zwischen den einzelnen landsmannschaftlichen Klischees: die steifen Preußen, die derben Bayern, die dummen Ostfriesen, die schlagfertigen Berliner, die gerissenen Sachsen.

Für die Bayern sind Witze eine komfortable Rache an ihren Lieblingsfeinden, den Preußen. Die Schwaben haben nichts gegen Witze über ihren Geiz, aber sie gehen sparsam damit um. Zum Beispiel:

> Ein Preuße, ein Bayer und ein Schwabe sitzen zusammen in einer Kneipe und trinken Bier. Jedem von ihnen fällt eine Fliege ins Bierglas.
> Der Preuße kippt sein Bier weg und bestellt ein neues Glas.
> Der Bayer fischt die Fliege mit den Fingern aus seinem Bier und trinkt weiter.
> Der Schwabe holt ebenfalls die Fliege aus seinem Glas und zwingt sie, das Bier, das sie getrunken hat, wieder auszuspucken.

Humor ist in Deutschland auch abhängig vom Kalender. Musterbeispiel hierfür ist der Karneval, der jedes Jahr pünktlich am 11.11., 11:11 Uhr beginnt. Dies wird von den Briten oft als Anschlag auf den „Remembrance Day" (zur Erinnerung an die Kriegstoten) am selben Datum angesehen, war aber niemals von deutscher Seite so beabsichtigt. Es ist eben nur eine sehr ordentliche Reihenfolge, und Ordnung bildet nun mal für die Deutschen die Grundlage jeglicher Freude. Mit ebensolcher Pünktlichkeit dauert dieser Ausnahmezustand genau bis Aschermittwoch an. In dieser Zeit werden Umzüge, Partys und Festsitzungen durchgeführt mit dem festen Vorsatz, lustig zu sein. Um Unordnung zu vermeiden, ist alles vorausgeplant und reglementiert, und die vorschriftsmäßig fröhlichen Veranstaltungen laufen mit militärischer Präzision ab. Während der offiziellen Reden, die aus endlos aneinandergereihten Witzen bestehen, wird jede Pointe durch einen Kapellentusch angezeigt, damit niemand an der falschen Stelle lacht.

›› Die vorschriftsmäßig fröhlichen Karnevalsveranstaltungen laufen mit militärischer Präzision ab.

Unordentlicher Humor ist nämlich nicht nur überhaupt nicht zum Lachen, er wird häufig nicht einmal als Humor erkannt.

Kultur & Medien

Dichter & Denker

Deutsche Kultur ist meist ernst, tiefsinnig, anspruchsvoll und sehr, sehr umfangreich. Keine schlanken Bände mit eleganten Geschichten, wie die Franzosen sie lieben.

Geistige Großtaten sollten sich nicht nur durch Klasse, sondern auch durch Masse auszeichnen. Goethe ging mit leuchtendem Beispiel voran. Die Gesamtausgabe seiner Werke umfasst 143 Bände, selbst die Sammlungen ausgewählter Schriften kommen auf bis zu fünfzig Bände. Nietzsches gesammelte Werke werden wenigstens dreißig Bände zählen. Fünfundvierzig Stunden Spieldauer muss man für die zehn bekanntesten Opern von Richard Wagner veranschlagen, und wahrscheinlich ungefähr die gleiche Zeit für „Heimat“ und „Die zweite Heimat“ von Edgar Reitz.

›› Geistige Großtaten sollten sich nicht nur durch Klasse, sondern auch durch Masse auszeichnen.

Je sperriger, desto besser. Auf dem Gebiet der Kunst und Kultur lieben die Deutschen es, sich auf einsamen Gipfelhöhen zu bewegen, und diese Gipfel müssen schwer zu erklimmen sein.

Die deutsche Kultur, besonders die Literatur, unterscheidet sich von der anderer Länder dadurch, dass sie noch relativ jungen Datums ist. Während andere Nationen wie England, Frankreich oder Spanien die klassische Phase ihrer Literatur bereits im sechzehnten Jahrhundert erlebten, kann man das für Deutschland erst vom späteren achtzehnten Jahrhundert sagen. Der Mann, der es praktisch im Alleingang geschafft hat, die deutsche Literatur auf die Weltkarte zu hieven, war Johann Wolfgang von Goethe. Vor allem er verschaffte der deutschen Literatur jenen mit den englischen, französischen oder italienischen Klassikern vergleichbaren Rang, der es ihr erlaubte, auf dem kulturellen Olymp in der ersten Reihe Platz zu nehmen. Es scheint nach wie vor so, dass er in seinen Werken am besten darzustellen vermochte, was die deutsche Seele ausmacht. Dafür wird er respektiert, geliebt und verehrt.

Aber hundertfünfzig Jahre der akademischen Beschäftigung mit Goethe und seinem Werk durch einen gravitätischen Universitätsbetrieb und trockene Schulmeisterei haben den Zugang selbst zu diesem literarischen Giganten längst verstellt. Was schade ist, denn in der deutschen Literatur gab es wohl nie mehr einen Schriftsteller, der so lebenserfahren und faszinierend vielseitig war. Goethe war auf wohltuende Art so völlig anders als das Klischee vom düster wirkenden Genius, das die Deutschen im Allgemeinen von ihren Intellektuellen und Künstlern vor Augen haben. Er stand mit beiden Beinen im Leben und war bereits in seiner Jugend ein gefeierter literarischer Superstar. Als er in seinem ersten Roman den Protagonisten in Gelb und Blau kleidete und ihn dann Selbstmord aus Liebeskummer begehen ließ, wurde das von der Jugend in ganz Europa nachgeahmt. Später wurde er in Weimar eine Art Superminister mit Zuständigkeiten vom

» Goethe war auf wohltuende Art völlig anders als das Klischee vom düster wirkenden Genius.

Bergwerksbau übers Hoftheater bis zum Finanzministerium. Der Mann interessierte sich einfach für alles, vor allem auch für naturwissenschaftliche Probleme, und er muss recht charmant gewesen sein.

Goethe ist für die Deutschen das, was Shakespeare für die Engländer ist, wobei Shakespeare dank kongenialer Übersetzungen aus der Goethezeit hierzulande als Deutscher ehrenhalber gilt. „Sein oder Nichtsein“ schallt oft von deutschen Bühnen, und vielleicht ist es eine gemeinsame Vorliebe für die tragischen Aspekte des Daseins, weswegen die Deutschen „ihren“ Shakespeare so lieben. Happy Ends werden in der deutschen Literatur nicht besonders geschätzt. Sie stehen sofort unter Trivialitätsverdacht, und kein ernsthafter Deutscher setzt sich freiwillig diesem Verdacht aus.

» Happy Ends werden in der deutschen Literatur nicht besonders geschätzt. Sie stehen sofort unter Trivialitätsverdacht.

Im Land der Dichter & Denker nehmen natürlich auch die geistigen Heroen der Philosophie einen Ehrenplatz ein, man hat ja genug davon: Fichte, Hegel, Kant, Leibniz, Nietzsche und Schopenhauer – um wenigstens ein paar Schwergewichte in alphabetischer Reihenfolge zu erwähnen.

Deutsche Kunst gilt im Allgemeinen als introspektiv, dumpf, ausdrucksstark – mit einem Wort: typisch deutsch. Als wichtig gilt die Botschaft, die sie zu verkünden hat, über einige grobe Pinselstriche sieht man hier gerne hinweg, ja gerade sie gelten als besonders genial. Im Zweifel zählt eben der innere Kern und nicht die äußere Hülle.

Wenn die Deutschen mal Erholung von ihrer ordentlichen und perfekt schnurrenden Welt brauchen und ein bisschen Chaos genießen wollen, dann gehen sie ins Kino und schauen sich deutsche Filmkunst an. Fassbinder, Herzog, Schlöndorff, Margarethe von Trotta und Wim Wenders, die Starregisseure des Neuen Deutschen Kinos, haben eine Reihe von ungewöhnlichen und eindringlichen Filmen produziert, die bisweilen so düster und bizarr sind, dass sie auf keinen Fall trivial sein können, also das auf keinen Fall, aber ansonsten sind sie … nun ja, sehr deutsch. Es mag zwar anstrengend sein, bis zum Ende sitzen zu bleiben, aber der Ernsthaftigkeitstest gilt dann sicher als bestanden.

Fernsehen

Das Fernsehen in Deutschland ist eher kläglich. Die Grundsubstanz besteht aus amerikanischen und teilweise auch europäischen Serienimporten, synchronisiert und sterilisiert.

Die deutschen Fernsehmoderatoren und Fernsehmoderatoreninnen wirken auf ausländische Zuschauer geradezu überirdisch korrekt und perfekt. Sie scheinen mit Engelszungen zu sprechen, und ständig reden sie ihr Publikum mit „Meine Damen und Herren“ oder „Verehrte Zuschauer“ an.

Mit Sitcoms und Talkshows tun sich die Deutschen eher schwer; die meisten dieser Sendungen sind exakte Kopien irgendeines amerikanischen Vorbildes, nur dass die deutschen Talkmeister bei weitem nicht so professionell und souverän zu agieren verstehen wie ihre Kollegen in den USA, sondern ungeniert vor laufender Kamera ihre Fragen von kleinen Merkkärtchen vorlesen und dadurch jedes spontane Gespräch im Keim ersticken.

Nachrichten-, Magazin- und Dokumentarsendungen tendieren dazu, lang und ausführlich zu sein, und sie sind der Haupttummelplatz hierzulande so beliebter Experten, die zu allem und jedem um ihre Meinung gefragt werden, und um der Ausgewogenheit willen gibt es zu jeder Expertenmeinung auch noch eine Gegenmeinung.

›› Nachrichten-, Magazin- und Dokumentarsendungen sind der Haupttummelplatz hierzulande so beliebter Experten.

Zeitungen & Zeitschriften

Ihre Pressefreiheit nehmen die Deutschen sehr ernst. Über dreihundert Tageszeitungen ringen um die Gunst der Leser, allerdings beherrschen natürlich nur eine Handvoll davon den Markt. Die meisten Blätter sind Regionalzeitungen mit kleinen Auflagen und begrenzter Reichweite.

Bundesweit gelesen werden die Tageszeitungen *Frankfurter Allgemeine, Die Welt* und *Bild.* Letztere prangt mit balkendicken Schlagzeilen im Stil von FREUNDIN GEKÖPFT – DANN ZERSTÜCKELT UND IN 39 EINMACHGLÄSERN TIEFGEFROREN. Weniger wichtige Themen, wie die weltweite Rezession, werden von den beiden anderen Zeitungen behandelt, wobei sich die *Frankfurter Allgemeine* noch ein allenthalben anerkanntes, sehr liberales und ausführliches Feuilleton leistet.

Ausführlichkeit und Liberalismus in edelster Vollendung präsentiert jedoch die „Grande Dame“ des bundesrepublikanischen Journalismus, die Wochenzeitung *Die Zeit.* Diese Pflichtlektüre aller intellektuellen Höhenflieger und moralischen Bedenkenträger erscheint in Hamburg, schmückt sich aber im Titel mit dem Wappen von Bremen. Angesichts der traditionellen Rivalität zwischen den beiden Hansestädten eine recht gewagte Grenzüberschreitung.

» „Die Zeit“ ist die Pflichtlektüre aller intellektuellen Höhenflieger und moralischen Bedenkenträger.

Auch ursprünglich regionale Tageszeitungen wie die *Süddeutsche Zeitung* und die *Frankfurter Rundschau* sind bundesweit verbreitet, unter anderem vielleicht deshalb, weil sie ein klares politisches Profil zeigen, das ein gewisses Gegengewicht bildet zu den eher konservativ eingeschätzten Schwergewichtlern *Frankfurter Allgemeine* und *Die Welt* mit ihrer globalen Verbreitung. Wegen ihrer eigenständigen Haltung ebenfalls sehr geschätzt, aber nicht gerade massenhaft gelesen wird die Berliner *Tageszeitung (taz),* das Zentralorgan der linken deutschen Intelligenzija.

Im Ausland kaum bekannt, dafür umso wichtiger für den deutschen Durchschnittsleser sind die reinen Lokalzeitungen, die häufig wesentlich höhere Auflagen erreichen als die renommierten überregionalen Blätter. So ist etwa die Auflage der *Westdeutschen Allgemeinen* mehr als dreimal so hoch wie die der *Welt.*

Weltspitze ist Deutschland übrigens bei der Vielfalt der Zeitschriften. Kein Thema, kein Hobby, kein Fachgebiet ist zu ausgefallen, als dass es nicht mindestens ein halbes Dutzend Spezialzeitschriften dazu gibt: Für den Hundefreund und den Katzenliebhaber, den Angler oder Bodybuilder, Motorsport, Surfen, Stricken, Schwule, Häuslebauer, Hobbygärtner, Geldanleger, Fernsehzuschauer, Selbsttapezierer, SM-Fetischisten, alles, alles ist vertreten und natürlich Mode, Mode, Mode.

Bis in die jüngste Vergangenheit gab es bei den Nachrichtenmagazinen ein uneinnehmbar erscheinendes Bollwerk, den in der Nachkriegszeit nach dem Vorbild des amerikanischen Time-Magazin konzipierten *Spiegel.* Deutsche Politiker hatten vierzig Jahre lang montags (inzwischen ist der Erscheinungstag auf den Samstag verlegt) nur eine Sorge: Wie werden ihre Taten oder Untaten der vorangegangenen Woche im *Spiegel* dargestellt und kommentiert – oder, das Schrecklichste vom Schrecklichen, einfach übergangen.

Der *Stern* ist das Flaggschiff der Familienillustrierten, trotz der für Ausländer manchmal eher an den *Playboy* erinnernden Titelseite. Die *Bunte* ist stark bestückt in der Rubrik „Gesellschaft" und muss hier ihre führende Position in den Wartezimmern der Arztpraxen und Frisöre gegen eine ganze Phalanx von Königshaus-Postillen verteidigen.

Ausgesprochenes & Unausgesprochenes

„Smalltalk" ist ein Ausdruck, für den es im Deutschen keine Entsprechung gibt. Die Vorstellung, dass man eine Äußerung von sich geben könnte, die nicht von welterschütternder Gedankenschwere wäre, ist schlichtweg undenkbar. Für die englische Angewohnheit, sich stundenlang über das Wetter zu unterhalten, können die Deutschen nur ein müdes Lächeln erübrigen.

Stattdessen lieben die Deutschen ausgiebige Diskussionen über den enormen Stress, dem sie ausgesetzt sind, und über den Druck, dem sie andauernd bei ihrer Arbeit unterliegen, die Härten des Daseins allgemein, die zunehmende Kompliziertheit des Lebens, Krisen, Krankheiten, Weltuntergang und andere erbauliche Themen.

›› Die Deutschen lieben ausgiebige Diskussionen über den enormen Stress, dem sie ausgesetzt sind.

Weitere beliebte Gesprächsthemen sind der bevorstehende Urlaub und wie sehr man ihn benötigt, wie hart man letzte Woche arbeiten musste, warum man jetzt wirklich einen Urlaub braucht, warum man diese Woche noch härter arbeiten muss und wie man Urlaub und Arbeit interpretieren sollte unter Berücksichtigung der Planckschen Quantentheorie, Hegels Vorstellung vom Absoluten und der neuen Steuerreform – allesamt also Gedankengänge, die mit größtmöglicher Umsicht und Sorgfalt behandelt werden sollten, wenn man nicht in den Ruf eines Sarkasten oder geistigen Fliegengewichts geraten will.

Die höfliche Frage „Wie geht's?", die in anderen Ländern nur der Form halber gestellt wird, beantwortet der Deutsche mit einem umfassenden Vortrag über den gesundheitlichen Zustand sämtlicher Körperteile und Funktionen in allen medizinischen Einzelheiten. Wer es nicht so genau wissen will, sollte besser gar nicht erst fragen.

Schimpfwörter

Flüche und Beschimpfungen erfreuen sich in Deutschland großer Beliebtheit und eines reichen Fundus. Viele Ausdrücke stammen aus dem Tierreich, dessen Bewohner mit wenig schmeichelhaften Eigenschaften versehen und den Mitmenschen gleichgestellt werden.

Die Ausscheidungs- und Fortpflanzungsfunktionen des menschlichen Körpers bilden ein weiteres reichhaltiges Reservoir von Benennungen. Missfallen und Missgeschicke werden so häufig mit dem Begriff „Scheiße" kommentiert, dass die meisten Deutschen den Ausdruck kaum noch als Schimpfwort wahrnehmen.

Die rechtlichen Konsequenzen einer Beleidigung können schwerwiegend sein. Während die schwerverletzten Opfer eines Unfalls oder Verbrechens für ihre lebenslange Behinderung in Deutschland nur sehr geringe Entschädigungen erhalten und Körperverletzung milde geahndet wird, werden Kränkungen der Ehre mit gnadenloser Härte strafrechtlich

›› Die rechtlichen Konsequenzen einer Beleidigung können schwerwiegend sein.

verfolgt. Persönliche Schädigungen treffen einen Deutschen schwerer im Bereich der Begriffe und Ideen als an Leib und Leben. Besonders wenn man ihre Intelligenz in Frage stellen will, reagieren die Deutschen sehr empfindlich. Auch eine Beleidigung im nonverbalen Bereich, wie zum Beispiel das Tippen an die Stirn, kann daher saftige Geldstrafen nach sich ziehen.

Andere unfreundliche Gesten, wie der ausgestreckte Mittelfinger, sind Importe neueren Datums und vor allem bei der jüngeren Generation gebräuchlich.

Die in Deutschland am häufigsten anzutreffende Geste ist jedoch der erhobene Zeigefinger. Denn in jedem Deutschen steckt ein verhinderter Oberlehrer.

Essen & Trinken

Die deutsche Küche hat keinen überragenden Ruf, sie wird oft als Anhäufung von Fett und Kohlenhydraten gesehen. Es heißt, dass den Deutschen die Quantität des Essens wichtig ist, den Franzosen die Qualität und den Engländern die Tischmanieren. Die Deutschen sind zwar nicht ständig am In-sich-Reinstopfen, aber sobald sie einmal angefangen haben, hören sie so schnell nicht wieder auf.

Die Dinge immer etwas zu übertreiben, ist eine deutsche Angewohnheit, nicht nur beim Essen. Charles de Gaulle meinte einmal, es sei unmöglich, ein Land wie Frankreich zu regieren, in dem es über zweihundert Sorten Käse gibt. Deutschland mit seinen über dreihundertfünfzig Sorten Brot und eintausendfünfhundert Sorten Wurst wäre ihm wohl vollends unregierbar erschienen.

Den Ruf der Verfressenheit haben die Deutschen in den 1950er Jahren erhalten, als es nach der Not der Kriegs- und Nachkriegszeit wieder genug Geld und genug zu kaufen gab. Der gewaltige Nachholbedarf entlud sich in der sogenannten Fresswelle. Die Doppel- und Dreifachkinne, die sich viele Deutsche in jener Zeit angefressen haben, prägen wohl bis heute das Klischee des feisten Deutschen im Ausland.

Schließlich wurden den Deutschen aber die gesundheitlichen Folgen ihrer Ernährungsgewohnheiten klar. Während sie einst dreimal so viel Kartoffeln aßen wie die Briten, essen sie nun doppelt so viel Obst und Gemüse.

Das „light"-Etikett ist heute ein sicherer Verkaufsschlager bei den jungen Deutschen, die entschlossen sind, nicht wie ihre fassförmigen Vorfahren zu enden. Es gibt sogar „light"-Versionen von Mineralwasser, mit weniger Kohlensäure.

Eine Vorliebe bleibt unverändert. Deutsche essen mehr Schweinefleisch als jedes andere europäische Land, 4,5 Millionen Tonnen pro Jahr, das entspricht einem fetten Kotelett pro Person und Tag. Entsprechend dem alten deutschen Sprichwort: „Der Mensch lebt nicht vom Brot allein, es muss auch Wurst und Schinken sein."

Das deutsche Frühstück besteht aus Orangensaft, Kaffee (Filter, nicht Instant, danke schön), eine Auswahl an Brot mit diversen Marmeladen für die Süßmäuler bzw. Schinken, Salami und Käse für alle anderen. Deutsches Brot kommt in allen Größen, Formen, Farben, Getreidezusammensetzungen, Backtechniken und Namenskreationen daher. Die Deutschen haben eine starke Neigung zu Vollkorn (nicht etwa als Modeerscheinung, es war schon immer so). Von Roggenbrot bis Pumpernickel, von Schwarzbrot bis Brezeln ist das Brot eine Mahlzeit für sich.

›› Die Deutschen haben eine starke Neigung zu Vollkorn.

Vormittags nehmen die Deutschen gerne einen kleinen Imbiss, damit sie durchhalten können bis zum Mittagessen, der reichhaltigsten Mahlzeit des Tages. Mitten am Nachmittag muss jedwede Tätigkeit (außer ernsthafter Arbeit) unterbrochen werden, um auf die Pirsch nach Kaffee und Kuchen zu gehen. Die Kuchen sind hochkomplexe Angelegenheiten mit Früchten, Sahne, Schokolade, Teigschichten, Creme und vielleicht noch etwas mehr Früchten. Selbstverständlich wird zusätzlich Schlagsahne gereicht.

Das Abendessen* wird auch oft als Abendbrot bezeichnet, ein Hinweis darauf, dass Brot und Aufschnitt wieder dominieren, obwohl auch warme Gerichte üblich sind. Vor dem Schlafengehen nimmt man gerne noch ein Betthupferl, nur um dem nächtlichen Verhungern vorzubeugen. Von allen Ängsten, die Sie in Deutschland befallen könnten, ist die Angst vor dem Hungertod die am wenigsten begründete.

Trinken

Jede dritte Bierbrauerei auf der Welt befindet sich in Deutschland. Das dürfte schon deutliche Hinweise darauf geben, welche Bedeutung Bier für die Deutschen hat. Für viele ist es nicht nur Lebensmittel, sondern Lebenszweck.

Die kleinen regionalen Brauereien blühen und gedeihen. Traditionell ist die Bierbrauerei eng mit den Klöstern verbunden, wo die Mönche früher ihr „flüssiges Brot" herstellten, das sogar als Medizin verwendet wurde.

Ein Grund für die hohe Qualität des deutschen Bieres ist das Reinheitsgebot, erlassen im Jahr 1516 und seitdem un-

* Es mag Sie überraschen, zu welch früher Stunde (zwischen 18:00 und 19:30 Uhr) die Deutschen essen. Kein gepflegtes Dinner nach acht, ganz zu schweigen von der mediterranen Gepflogenheit, den Nachmittag zu verschlafen und das Abendessen um Mitternacht einzunehmen. Die Deutschen wollen es schnell hinter sich bringen, schließlich gibt es noch Arbeit zu erledigen.

verändert gültig. Es besagt, dass nur Wasser, Hopfen, Malz und Hefe bei der Bierherstellung verwendet werden dürfen. Das einzige Mal, dass die Deutschen ernsthafte Zweifel am Sinn ihrer Mitgliedschaft in der Europäischen Gemeinschaft hatten, war bei der drohenden Abschaffung des Reinheitsgebotes im Rahmen der Gesetzesangleichung in der EG.

Über viertausend verschiedene Biermarken werden in Deutschland gebraut, selbst ohne das Reinheitsgebot hätten ausländische Produkte es da schwer, sich in diesem Markt durchzusetzen.

Das Bier wird immer kalt und mit einer reichlichen Schaumkrone serviert. Die Herstellung dieser Schaumkrone kann bis zu acht Minuten in Anspruch nehmen, daher ist deutsches Bier nicht dazu geeignet, um auf die Schnelle den Durst zu löschen.

Die beliebteste Biersorte ist das Pils, das auch am meisten exportiert wird, im Gegensatz zum sogenannten Export-Bier, das kaum jemals Landesgrenzen überschreitet, und dem Altbier, das wiederum nicht alt werden darf, sondern möglichst frisch getrunken werden muss.

›› Die beliebteste Biersorte ist das Pils, das auch am meisten exportiert wird, im Gegensatz zum sogenannten Export-Bier.

Der deutsche Pro-Kopf-Verbrauch gehört zur Weltspitze und liegt bei 105 Litern Bier im Jahr.

Deutsche Weine, besonders die Weißweine, sind exzellent und werden von den Deutschen sehr geschätzt, auch wenn die Franzosen darüber die Nase rümpfen. Aber die Deutschen sind sich durchaus der Qualität ihrer Reben bewusst und trinken ihren Wein zum Großteil selbst. Nur wenig wird daher exportiert. Grundsätzlich gibt es keine Trennung zwischen Wein- und Biertrinkern, die gleichen Personen trinken sowohl das eine als auch das andere.

Obwohl oder gerade weil die Deutschen so gern dem Alkohol zusprechen, wird er beim Autofahren nicht toleriert. Kontrollen sind streng und die Strafen hart. Daher empfiehlt es sich, im Zweifelsfall mit dem Taxi nach Hause zu fahren.

Feiern & Feste

Die Deutschen schätzen Traditionen und befolgen sie gewissenhaft. Sie lieben festliche Bräuche, von denen es eine Vielzahl gibt, wenn die meisten auch nur lokale Bedeutung haben.

Normalerweise spielt bei diesen Feierlichkeiten der Bierkonsum eine zentrale Rolle. Ein typisches traditionelles Dorffest beginnt mit einem Frühschoppen, dann folgt ein Gottesdienst, ein Umtrunk, eine Ansprache, ein Bierausschank, danach ein Umzug, der mit ein paar Bier begossen wird, ein Blaskonzert sowie etwas Bier zwischendurch, und das Ganze wird mit einigen Gläsern Bier abgerundet.

Das Richtfest wird in ganz Deutschland gefeiert. Sobald der Rohbau eines neuen Hauses fertig ist, lädt der Bauherr zu einer Party für Freunde, Nachbarn und die Bauhandwerker. Es wird viel Bier getrunken und ein Richtkranz oder kleines Bäumchen mit bunten Bändern auf dem Dachfirst errichtet, um von der erfolgreichen Arbeit zu künden.

Im Herbst bietet die Erntezeit natürlich vielfältige Anlässe zum Feiern. Das Münchner Oktoberfest ist das größte Fest dieser Art und die weltweit berühmteste deutsche Veranstaltung. Sechzehn Tage lang trinken Bayern und Auswärtige jährlich neue Rekordmengen an Bier und sorgen für eine empfindliche Dezimierung des Brathähnchenbestandes.

Die meisten Festbräuche in Deutschland sind mit dem christlichen Kalender verknüpft. Dahinter stecken aber oft die Überbleibsel heidnischer Bräuche wie die Karnevals-, Faschings- oder Fastnachtsfeiern, die ihren Ursprung in den alten Fruchtbarkeitsriten zum Frühlingsbeginn haben – was auch heute noch erkennbar ist.

›› Die meisten Festbräuche in Deutschland sind mit dem christlichen Kalender verknüpft.

Während der „tollen Tage“ des Karnevals wird die Unordnung und Lebensfreude mit größter Gewissenhaftigkeit und Disziplin organisiert. Mit der gleichen Präzision geht man pünktlich zum Aschermittwoch wieder zur gewohnten Tagesordnung über, so ernsthaft, als wäre nichts geschehen, aber mit schönen Erinnerungen an die Tage der wohlkontrollierten Ausgelassenheit.

An Himmelfahrt nehmen deutsche Männer bei gemeinsamen Picknick-Ausflügen eine Auszeit von Frau und Familie, mittels Alkohol werden diese Fahrten zum himmlischen Genuss.

Weihnachten

Das Fest der Feste, der Inbegriff von glanzvoller Gemütlichkeit und Tradition ist in Deutschland das Weihnachtsfest. Kein anderes Ereignis im Jahr ist so mit familiären Traditionen und alten Überlieferungen verbunden. Besinnlichkeit und Konsumstress gehen Hand in Hand.

Das britische Weihnachtsfest ist im Vergleich dazu eine blasse und schwache Kopie, die ihr bisschen Gemütlichkeit dem deutschen Prinzen Albert verdankt, der so versuchte, etwas Freude in das düstere Land zu bringen, in das er 1840 als Gemahl der Königin Victoria eingeheiratet hatte.

›› In deutschen Familien verläuft die Vorbereitung des Weihnachtsfestes mit generalstabsmäßiger Präzision.

In deutschen Familien verläuft die Vorbereitung des Weihnachtsfestes mit generalstabsmäßiger Präzision. Dieses festliche Großereignis bedarf der langfristigen Planung, welche meist schon kurz nach Ostern einsetzt, wenn in Schokoladenfabriken die Osterhasen zu Weihnachtsmännern umgeformt werden.

Die Adventszeit markiert mit ihren Adventskalendern und Adventskränzen den finalen Countdown auf den Tag der schönen Bescherung. Vom Geschenke-Einkauf über Plätzchenbacken bis zum Festtagsbraten werden alle weihnachtlichen Aktivitäten nach einem detaillierten Organisationsplan in Angriff genommen. Letztendlich sind die Feiertage aber doch eine derart nervenaufreibende Angelegenheit, dass auch die bestorganisierten Deutschen hektisch werden. So ist der Dezember für viele der stressigste Monat von allen.

Der Nikolaustag am 6. Dezember wird als eine Art Generalprobe für Weihnachten gefeiert. Kinder müssen am Vorabend einen Schuh oder Teller vor ihre Zimmertür stellen, der dann mit Süßigkeiten gefüllt wird – sofern sie halbwegs brav waren.

Die Verteilung der Geschenke ist ein ziemlich förmliches Ereignis, das am Heiligabend stattfindet. Die Kinder werden nachmittags aus dem Haus (oder zumindest aus dem Wohnzimmer) verbannt, während der Tannenbaum aufgestellt und dekoriert wird. Traditionell sollte am Heiligabend Karpfen gegessen werden, aber der gilt mittlerweile als schwer verdaulich, so dass meist Gans, Wild oder Würstchen bevorzugt werden.

Körperpflege & Gesundheit

Praktisch alle Deutschen haben Gesundheitsprobleme, und wenn jemand keine hat, muss bei ihm etwas nicht in Ordnung sein. Die meisten gesundheitlichen Beschwerden sind stressbedingt. Kein Volk war jemals größerem Stress ausgesetzt, aber das ist auch verständlich. Schließlich kann es schon in Anstrengung ausarten, wenn man immer und überall die Nummer Eins sein muss.

Die Empfindlichkeit der deutschen Körper ist eine seit langem anerkannte Tatsache, und entsprechend sind gut funktionierende Systeme zum Schutz derselben vorhanden. In den 1880er Jahren begründete Bismarck die allgemeine Krankenversicherung, die heutzutage ein weitreichendes und wundersames Netzwerk von Ärzten, Krankenhäusern, Spezialisten und Kuren unterstützt.

›› Die Deutschen verwenden enorme Mittel darauf, eine Krankheit zu behandeln, die überhaupt nicht existiert: die Kreislaufstörung.

Die Deutschen verwenden enorme Mittel darauf, eine Krankheit zu behandeln, die überhaupt nicht existiert: die Kreislaufstörung. Während Angehörige anderer Völker sich beim Aussetzen des Kreislaufs umgehend vor ihrem Schöpfer wiederfinden, erholen sich die Deutschen routinemäßig davon und führen weiterhin ein nützliches und produktives Leben. Wenn sie entsprechend geübt sind, können die Deutschen ohne weiteres zweimal im Monat eine Kreislaufstörung haben und trotzdem ein normales Leben leben.

Für diese furchtbare Krankheit gibt es verschiedene Behandlungsmethoden. Als sehr günstig erweist sich ein dreiwöchiger Aufenthalt an einem Strand am Mittelmeer, und die Chancen für die Heilung stehen auch nicht schlecht, wenn man eine größere Anzahl von Pillen und Säften einnimmt. (Dabei spielt es keine entscheidende Rolle, um was für Arzneimittel es sich eigentlich handelt; das Geheimnis liegt eher darin, betont auffällig die Arbeit zu unterbrechen und eine eindrucksvolle Reihe kleiner, brauner Fläschchen auf dem Schreibtisch aufzubauen, bevor man unter ausgiebigem Seufzen jeweils sechs Tropfen bzw. Stück von jedem Medikament schluckt.)

›› Bei Kreislaufstörungen erweist sich ein dreiwöchiger Aufenthalt an einem Strand am Mittelmeer als sehr günstig.

Bisher ist nur ein einziger Fall von Kreislaufstörung tödlich verlaufen. Es handelt sich dabei um einen jungen Mann, dessen Pillenfahrplan so kompliziert war, dass ihm keine Zeit mehr zur Nahrungsaufnahme blieb.

Wenn auch die Kreislaufstörung ein Leiden sein sollte, das, wie ausländische Besucher vermuten, eher ins Reich der Einbildung gehört, so gilt im Bereich der echten Krankheiten die Hauptsorge der Deutschen ihren Herzen. Die Angehörigen der älteren Generation, die noch an der Fresswelle beteiligt waren, haben auch allen Grund dazu. Die Venen und Arterien dieser schwabbelnden, wabbelnden Kolosse sind gnadenlos verstopft, und das Damoklesschwert eines Infarkts schwebt ständig über ihren Häuptern. Für die nachfolgenden Generationen von Fitness-Fanatikern jedoch haben solche konkreten Sorgen wenig Relevanz. Ihre Probleme haben sich eher auf die Ebene metaphysischer Angst verlagert.

Da alle Deutschen einen nicht unbeträchtlichen Teil ihres Einkommens an die Krankenversicherung bezahlen müssen und die Arbeitgeber noch einmal den gleichen Teil hinzuzahlen, erfreuen sich die deutschen Ärzte eines gehobenen Lebensstils und fahren zum Teil einige der neuesten Wagen der Oberklasse. Zahnärzte sollen so viel verdienen, dass ihr Hauptproblem darin besteht, weitere Möglichkeiten der steuerlichen Abschreibung zu finden.

Zusätzlich zu den sechs Wochen bezahlten Urlaubs im Jahr haben die Deutschen im Krankheitsfall auch noch Anspruch auf weitere sechs Wochen volle Bezahlung; darüber hinaus kann die Krankenkasse nochmals alle 4 Jahre 3 Wochen für Kurbehandlungen genehmigen. Das alles kostet natürlich ein Vermögen, und die Ausgaben für das soziale Netz verschlingen über ein Drittel des gigantischen deutschen Bruttosozialprodukts. Die Regierung versucht, vorsichtig Einsparungen in die Wege zu leiten, aber sie weiß, dass es leichter ist, einer Löwenmutter ihr Junges wegzunehmen als einem Deutschen seine Medizin.

» Es ist leichter, einer Löwenmutter ihr Junges wegzunehmen als einem Deutschen seine Medizin.

Kurorte

Nur in Deutschland gibt es die einzigartige Institution der Kur. Es gilt als eindeutiger Beweis der Ernsthaftigkeit und Seelentiefe, dass man umgehend zur Heilung von Körper und

Geist auf Staatskosten eine Kur antritt, sobald sich die ersten Anzeichen eines Schnupfens oder eines eingewachsenen Zehennagels bemerkbar machen.

» Am Kurort wird man sich in speziellen Heilschlämmen wälzen und unsagbar faulig schmeckende Heilwasser schlürfen.

Am Kurort wird man sich in speziellen Heilschlämmen wälzen und unsagbar faulig schmeckende Heilwasser schlürfen, dazwischen absolviert man einige sportliche Übungen (zur nächsten Konditorei und zurück laufen) und das Spielchen Wieviel-Schnaps-kann-ich-auf-mein-Zimmer-schmuggeln-bevor-der-Herr-Doktor-es-merkt.

Die Vorschriften für Kurbehandlungen weisen die Kuriosität auf, dass kein Kurgast seine Ehefrau beziehungsweise den Ehemann mitnehmen darf, wohl aus dem Grund, dass sonst die für den Genesungsprozess benötigte Ruhe und Erholung nicht gewährleistet ist. Die Folge dieser Vorschrift ist als „Kurschatten" bekannt und erfreut sowohl die Patienten als auch die Scheidungsanwälte.

Ältere Toiletten in Deutschland verfügen über einen seltsamen Absatz in der Porzellanschüssel, zur allgemeinen Verwunderung vieler ausländischer Besucher. Wozu soll das dienen? Die Antwort liegt in dem außergewöhnlichen Interesse begründet, das die Deutschen an ihrer Gesundheit haben. Sollte in dem, was eigentlich zum Wegspülen gedacht ist, eine Abnormalität zu entdecken sein, dann könnte das der Anlass sein für einige Wochen ohne Arbeit, aber mit allen Annehmlichkeiten einer Kur. Eigentlich ganz einfach.

Körperhygiene

Die Hygiene liegt den Deutschen sehr am Herzen, ist sie doch eine Übertragung des schönen geistigen Konzepts der Reinheit auf den körperlichen Bereich. Ein ungewaschener Deutscher wäre ein Widerspruch in sich selbst. Jeder Deutsche verbraucht im Durchschnitt 1,5 Kilogramm Seife im Jahr, doppelt soviel wie zum Beispiel der Franzose. Die deutschen Badezimmerschränke quellen über von Präparaten und Präzisionsgeräten, mit denen der menschliche Körper in makelloser Verfassung gehalten wird. An oberster Stelle steht dabei die Zahnhygiene. Nur die ärmsten Deutschen nennen nur eine Zahnbürste ihr eigen, alle anderen verfügen über ein ganzes dentalhygienisches Laborinstrumentarium, mit dem sie auch das letzte Zahnstein-Molekül gnadenlos jagen.

» Jeder Deutsche verbraucht im Durchschnitt 1,5 Kilogramm Seife im Jahr.

Die Tendenz in modernen Haushalten geht dahin, dass jedes Familienmitglied sein eigenes Badezimmer hat, da die morgendlichen Prozeduren bei jedem so viel Zeit in Anspruch nehmen, dass nicht alle pünktlich aus dem Haus kämen, wenn sie ein Bad teilen müssten.

Apotheken

Eine Besonderheit im deutschen Gesundheitswesen sind die Apotheken, die ein Einkaufserlebnis der besonderen Art darstellen. Teilweise noch mit uralten, hölzernen Regalen und Schubladen ausgestattet, die mit den modernen Untersuchungsgeräten daneben kontrastieren, sind die Apotheken eine wichtige Anlaufstelle für gesundheitliche Sorgen und Nöte. Die weißbekittelten Apotheker sind die Ernsthaftigkeit in Person, und ihre Ratschläge, die sie mit den Medikamenten über den klinisch reinen Verkaufstresen reichen, sind ebenso wie diese Balsam für die stressgeplagte Seele des Kunden. Der deutsche Bedarf an Medikamenten und pharmazeutischem Rat scheint gewaltig zu sein, denn in deutschen Innenstädten gewinnt man den Eindruck, dass jedes dritte Geschäft eine Apotheke ist.

Organisationen & Institutionen

Alles, was ein wie auch immer geartetes System beinhaltet, wird von den Deutschen hochgeschätzt, weil es eine Umsetzung des Ordnungsprinzips auf einer höheren Ebene bedeutet. Es gibt nichts Besseres und Schöneres im Leben, als die Dinge systematisch anzugehen. Nach Möglichkeit sollte das Ganze noch den entsprechenden institutionellen Rahmen besitzen.

» Es gibt nichts Besseres und Schöneres im Leben, als die Dinge systematisch anzugehen.

So ein typisches System ist die Autobahn. Im Dritten Reich erfüllte der Bau der Autobahnen zwei Funktionen: 1.) die Arbeitslosen von der Straße zu holen, indem man sie neue Straßen bauen ließ, auf denen sie dann 2.) ab 1939 als Kanonenfutter schneller an die Front gebracht werden konnten.

Das System Autobahn funktionierte damals sehr gut (etwas anderes erwarten die Deutschen auch nicht von einem System), und in Friedenszeiten stellte es dann ebenfalls seinen Nutzen unter Beweis. Schnell und bequem kam man auf den Autobahnen vorwärts. Seitdem hat sich allerdings das Verkehrsaufkommen drastisch erhöht.

Die ursprünglichen Autobahnen waren als elegant zu bezeichnen, in der ehemaligen DDR sind noch letzte Überreste des alten Systems zu sehen, bevor sie den Ansprüchen der Marktwirtschaft angepasst werden.

Die deutsche Straßenverkehrsordnung kennt keine Geschwindigkeitsbegrenzung für die Autobahnen, es gibt nur eine höflich empfohlene „Richtgeschwindigkeit" von 130 Stundenkilometern, an die sich aber nur ausländische Autofahrer halten, die zum ersten Mal in Deutschland unterwegs sind.

» Das Gaspedal bis zum Anschlag durchzutreten, ist für die Deutschen ein wichtiger Freiraum in einer Gesellschaft, in der es ansonsten von Verboten nur so wimmelt.

Diese Möglichkeit – das Gaspedal bis zum Anschlag durchtreten zu dürfen – ist für die Deutschen ein wichtiger Freiraum in einer Gesellschaft, in der es ansonsten von Einschränkungen und Verboten nur so wimmelt. Sie genießen die „freie Fahrt für freie Bürger" und die Chance, die eigene Innerlichkeit über die Tachonadel auszudrücken und auf der Überholspur das Wesen des Seins in sich selbst zu finden. Das Leuchten in den Augen der deutschen Automobilisten im Zustand der Vor- oder Nachfreude dieser Erfahrung kann man stundenlang beobachten, während man im Umfeld der größeren Städte im Stau steckt.

Alle anderen Aspekte des Straßenverkehrs unterliegen strengen Vorschriften, von den regelmäßigen technischen Inspektionen der Wagen bis zum Gebrauch der Abblendlichter; unzählige Regeln, die dennoch nicht die Staus von den Autobahnen bannen können.

So drücken Staus öfters auch den schnellsten Sportwagen auf eine Durchschnittsreisegeschwindigkeit von wenigen Metern pro Stunde herab. Gerade in den Hauptverkehrszeiten und in den Urlaubsmonaten erscheint das Autobahn-System dann wie eine Parodie auf das wohlgeordnete deutsche Leistungsdenken.

Öffentliche Verkehrsmittel

Im Gegensatz zu den Autobahnen sind die öffentlichen Verkehrsmittel in Deutschland wiederum Musterbeispiele an Ordnung, Pünktlichkeit und Effizienz.

Mit der Eisenbahn kommt man schnell von einem Ort zum anderen, was zum Teil daran liegt, dass die Bahnhöfe vernünftigerweise im Stadtzentrum liegen. Die Intercity- und Eurocity-Züge sind schnell, der Intercity-Express (ICE) ist noch schneller und mit modernen technischen Annehmlichkeiten ausgestattet.

In den Großstädten stehen Uneingeweihte zuerst einmal verwirrt vor dem komplexen System der U- und S-Bahnen. Erstere fahren unterirdisch, letztere oberirdisch. Außer natürlich dort, wo es sich umgekehrt verhält. Dafür halten die S-Bahnen an den meisten Stationen, an denen auch die U-Bahnen halten, während der Umkehrschluss wiederum nicht zutrifft, da die S-Bahn auch dorthin fährt, wo die anderen Bahnen nicht hinkommen. Meistens oberirdisch.

›› U-Bahnen fahren unterirdisch, S-Bahnen oberirdisch. Außer natürlich dort, wo es sich umgekehrt verhält.

Auf bestimmten Strecken ist ein S-Bahn-Ticket auch für die U-Bahn gültig. Auf anderen Strecken nicht. Manchmal kann man mit dem Ticket auch die Busse und Straßenbahnen benutzen. In anderen Fällen muss man allerdings eine weitere Fahrkarte kaufen. Wirklich kompliziert wird es beim Fahrscheinkauf am Automaten, wenn man versucht, das Geheimnis der unterschiedlichen Tarifzonen zu entschlüsseln. Es gibt verschiedene Theorien über den Zweck dieses Verwirrspiels, darunter die Vermutung, dass es sich um ein groß angelegtes Intelligenztraining handelt, mit dem der High-Tech-Wirtschaftsstandort Deutschland intellektuell wettbewerbsfähig gehalten werden soll. Wer auf solche Denksportübungen keine Lust hat, der kann seinen Fahrschein am Schalter erwerben (sofern vorhanden oder geöffnet) oder laufen.

Das Bildungssystem

Das deutsche Erziehungssystem kümmert sich nicht besonders um Charakterbildung oder die Vermittlung moralischer Werte. Sein Ziel ist weniger die Bildung als vielmehr die Ausbildung der Schüler zu qualifizierten Leistungsträgern, die sich auf dem Arbeitsmarkt erfolgreich behaupten können.

›› Ziel des deutschen Erziehungssystems ist weniger die Bildung als vielmehr die Ausbildung.

Die staatlich geregelte Erziehung beginnt spät und endet noch später als bei anderen Nationen. Der Besuch des Kindergartens ist freiwillig, die Grundschule beginnt mit dem sechsten Lebensjahr, und der durchschnittliche Student beendete die Universität mit Ende Zwanzig. Mittlerweile hat die Bologna-Reform mit der Einführung des verschulteren Bachelor-Abschlusses die Studiendauer (aber nicht die Abbrecherquoten) reduziert.

In den meisten Bundesländern gehen die aufgeweckteren Schüler mit zehn Jahren auf ein Gymnasium, wo allerdings nicht wie bei den alten Griechen das körperliche Training im

Vordergrund steht, sondern der Geist für das akademische Studium fit gemacht werden soll.

Der Rest (etwa 60 % des Jahrgangs) besuchen andere Sekundarschulen für fünf bis sechs Jahre, um danach nach Möglichkeit eine Lehre zu absolvieren. Diese dauert drei Jahre, in denen eine praktische Ausbildung in einer Firma mit theoretischem Unterricht in einer staatlichen Berufsschule verbunden wird. Für viele ist die Lehre der direkte Einstieg in eine berufliche Karriere.

Wer das Gymnasium erfolgreich mit dem Abitur abschließt, hat damit automatisch Anspruch auf einen Studienplatz an der Universität seiner Wahl. In einigen Fächern gibt es Wartezeiten oder Zuweisungen der Studienorte, aber kein Abiturient kann abgelehnt werden.

Bis 2011 gab es in Deutschland die Wehrpflicht, seitdem ist sie offiziell ausgesetzt worden. Der männliche Teil der Bevölkerung über achtzehn Jahre wurde zum Militärdienst eingezogen, sobald die Schule oder Lehre beendet ist. Verweigerung aus Gewissensgründen war möglich, dann musste aber ein ziviler Ersatzdienst abgeleistet werden. Wenn man aber bei der Musterung wegen Kurzsichtigkeit oder Plattfüßen für untauglich befunden wurde, war man vom Dienst befreit.

Qualifikationen

Jeder Deutsche, den man im Berufsleben antrifft, verfügt über eine gründliche Ausbildung und einschlägige Qualifikationen. Wohlklingende Titel sind sehr begehrt. Besonders akademische Titel haben hohes Prestige und werden stolz getragen, allen voran der Doktortitel. Wenn ein Deutscher zweifacher Doktor ist, verlangt es die Höflichkeit, ihn auch stets als „Dr. Dr.“ anzureden.

›› Akademische Titel haben hohes Prestige und werden stolz getragen, allen voran der Doktortitel.

Die Krönung schlechthin ist aber der Professor. Diese höchst akademische Weihe setzt eine Ochsentour sondergleichen durch das deutsche Hochschulsystem voraus: eine meist sehr umfangreiche Habilitationsschrift, jahrelange Wartezeiten im Mittelbau mit unbezahlten Lehrverpflichtungen und dem ziemlich hohen Risiko, dann am Ende doch keine Berufung zu erhalten.

Akademische Titel lassen sich natürlich auch mit weitaus weniger Anstrengungen erwerben, sofern man über ausreichend Geld verfügt. Diese Möglichkeit wird von ehrgeizigen Menschen, die unter Zeitdruck stehen, gerne in Anspruch genommen. So ziemlich jeder Titel ist für einen entsprechenden Preis zu haben, wenn man weiß, wohin man sich wenden muss (normalerweise außerhalb Deutschlands). Und diese Form der Selbstdekoration ist nicht einmal illegal.

Auf Heller und Pfennig

Die meisten Europäer haben Schwierigkeiten damit, die Deutschen wegen einer wirtschaftlichen Flaute zu bemitleiden. Denn was in Deutschland als Krise bejammert wird, wäre in vielen Ländern als Wirtschaftsboom ein Grund zum Feiern. Trotzdem werden viele, wenn nicht die meisten Deutschen sich beklagen, wie sehr sie in diesen schweren Zeiten zu leiden haben und dass sich eine finanzielle Krise abzeichnet, die entweder der Anfang vom Ende oder schon das Ende von allem ist (je nachdem, ob man mit einem Optimisten oder einem Pessimisten spricht). Wie so oft blicken die Deutschen tiefer in die Bedeutung der Ereignisse und sind voll dunkler Vorahnungen der bevorstehenden Götterdämmerung.

Selbst der vielgepriesene deutsche Enthusiasmus für die europäische Einigung sieht heutzutage ziemlich angeschlagen aus. Wenn sich die Deutschen etwas Nationalismus erlauben, wird das in eine leidenschaftliche nostalgische Hingabe an die D-Mark umgeleitet – was mehr über sie aussagt, als reine Zahlen es jemals könnten. Die D-Mark war der Prüfstein des Erfolgs und der Talisman des bundesrepublikanischen Wohlstands.

» Der vielgepriesene deutsche Enthusiasmus für die europäische Einigung sieht heutzutage ziemlich angeschlagen aus.

Bezeichnend ist der Name der bundesdeutschen Währung angesichts der Vorliebe der Deutschen, Grenzen zu ziehen und ihr Revier abzustecken. D-Mark und Demarkierung haben als gemeinsamen sprachlichen Ursprung die *marka*, das alte deutsche Wort für Grenze. Mangels bodenständiger Gelegenheiten sind die deutschen Abgrenzungen traditionell stärker auf der symbolischen Ebene praktiziert worden.

Im Bereich der finanziellen Symbole nicht mehr von den

anderen Nationen unterscheidbar zu sein, kam einem Verlust der so mühsam errungenen Identität gleich. Diese schreckliche Vorstellung ging den Deutschen durch Mark und Bein.

Denn für die Deutschen bedeutet Geld Sicherheit. Nur die Furcht, ihre geliebte D-Mark zu verlieren, hatte sie am Sinn und Wert der europäischen Einigung zweifeln lassen. Natürlich müssen finanzielle Opfer für Europa gebracht werden, aber bitte nicht so.

Im zwanzigsten Jahrhundert mussten die Deutschen schon zweimal eine völlige Geldentwertung überstehen, nach dem Ersten und nach dem Zweiten Weltkrieg. 1923 nahm die Inflation in Deutschland astronomische Dimensionen an. Jeder wurde Milliardär, aber das Geld war nicht einmal das Papier wert, auf dem es gedruckt wurde. Die große Mehrheit der Deutschen verlor all ihre Ersparnisse. Das hat bis heute Nachwirkungen: Inflation wird als die ultimative wirtschaftliche Katastrophe angesehen, etwas, das auf jeden Fall vermieden werden muss. Daher spielen in der deutschen Wirtschaft die Banken auch eine wesentlich größere Rolle als anderswo. Das System der Universalbanken ermöglicht es den deutschen Finanzinstituten, fast alles zu kontrollieren, was sich nicht in staatlichem Besitz befindet.

» Im zwanzigsten Jahrhundert mussten die Deutschen schon zweimal eine völlige Geldentwertung überstehen.

In Frankfurt regiert die Europäische Zentralbank in den Fußstapfen der Bundesbank. Hauptaufgabe dieser Gralshüterinnen war und ist es, die Währung stabil zu halten und jegliche inflationäre Tendenz bereits im Ansatz zu verhindern. Die D-Mark mag Geschichte sein, aber die glorreiche Zukunft gehört dem Euro, zum Wohle der gesamten europäischen Wirtschaft und zum besonderen der Deutschen.

Staat & Verwaltung

Deutschland ist nicht nur das Land der Angst, sondern auch das Land der Länder. Vor der Wiedervereinigung gab es zehn Länder (plus Westberlin), jetzt sind es sechzehn.

Jedes Bundesland ist eine politisch selbständige Region mit Machtbefugnissen und Verantwortlichkeiten, die im Grundgesetz festgelegt sind. Als Staat im Staat unterhält jedes Bundesland eine eigene, fast botschaftsartige Vertretung in Berlin, um sich gegen die Konkurrenz der anderen Länder bei der Bundesregierung mit seinen Interessen durchzusetzen.

Die Bundesregierung ist zuständig für solche Bereiche wie Außenpolitik und Verteidigung, Tabaksteuer und Autobahnmittelstreifenbegrünung, während die Länderregierungen sich um Schulwesen, Polizei, regionale Verwaltung etc. kümmern. Die Steuereinnahmen teilen sich Bund und Länder, wobei zusätzlich durch Ausgleichszahlungen zwischen den Ländern verhindert werden soll, dass einige Länder gleicher und reicher als andere dastehen.

Der Bundestag ist die höchste gesetzgebende Institution. Er wählt den Bundeskanzler, den Vorsitzenden der Partei mit den meisten Sitzen in diesem Parlament. Das demokratische Prinzip stellt sicher, dass auch kleinere Gruppen im Bundestag Rede- und Kontrollrechte haben.

Der Bundesrat, die obere Kammer des Parlaments, setzt sich aus Vertretern der einzelnen Landesregierungen zusammen und bildet so ein föderales Gegengewicht zum Bundestag, der als untere Parlamentskammer für die Zentralgewalt steht. Da die meisten Beschlüsse des Bundestags der Zustimmung des Bundesrats bedürfen, haben die Bundesländer entsprechenden Einfluss auf die Gesetzgebung des Bundes. Letztendlich sind es auch die Länderverwaltungen, die die Entscheidungen des Bundestags umsetzen, denn die Bundesbehörden verfügen nicht über den entsprechenden Unterbau.

Auch die Rechtsprechung ist vor allem Sache der Länder. Eine Ausnahme bilden nur die Obersten Bundesgerichte und das Bundesverfassungsgericht, welches sicherstellen soll, dass alle neuen Gesetze mit dem Grundgesetz übereinstimmen.

Der Bundespräsident hat als Staatsoberhaupt vor allem repräsentative Funktionen ohne wirklich politische Machtbefugnisse, er kann für maximal zwei Amtsperioden von jeweils fünf Jahren amtieren.

Das föderale System von Bund und Ländern steht in ganz Deutschland in hohem Ansehen; es trägt der historischen Entwicklung Rechnung und macht durch die Dezentralisierung die Politik überschaubarer. Gerade die Landespolitik ist daher für viele Bundesbürger besonders lebendig und interessant. Einige der fähigsten deutschen Politiker sind auf dieser Ebene zu finden, und sie zeigen oft kein Verlangen, in die Bundespolitik zu wechseln.

Bürokratie

Die Deutschen lieben rücksichtslose Regelungen und Volumen von Verwaltungsakten voller Vorschriften. Vor lauter Gesetzgebungen bekommen sie keinen Fuß auf den Boden. Ein Paradies für Bürokraten. Was auch niemand anders erwartet hätte.

Verbrechen & Strafe

Dass die Deutschen sehr auf Recht und Ordnung erpicht sind, dürfte wohl niemanden überraschen. „Ordnung muss sein" kommt jedem Deutschen fast automatisch über die Lippen. Um das auch in die Tat umzusetzen, sind die Deutschen bereit, enge Grenzen der Gesetzgebung hinzunehmen und weite Grenzen für die Polizeibefugnisse abzustecken.

Starres Festhalten an gesetzlichen Vorschriften kann manchmal zu merkwürdigen, geradezu absurden Situationen führen: Ein Mann überquerte eine Straße, obwohl die Fußgängerampel Rot zeigte (es war zwei Uhr morgens und kein Auto weit und breit zu sehen). Mitten auf der Straße wurde er plötzlich von einem sehr schnell und rücksichtslos heranpreschenden Wagen umgefahren. Die Polizei wurde gerufen, der Mann in einen Krankenwagen verfrachtet, der Fahrer des Wagens konnte weiterfahren, ohne auch nur eine Verwarnung erhalten zu haben. Schockiert fragte der einzige unbeteiligte Zeuge (ein Ausländer) den Polizisten, was mit dem Verletzen geschehen würde. Der Polizist antwortete: „Wenn er überlebt, muss er fünfzig Euro Strafe bezahlen."

Die Polizeibefugnisse sind Aufgabe der einzelnen Bundesländer. Wenn jemand das Weite sucht, nachdem er in brutalster Weise Papiermüll in den Glascontainer geworfen hat, und dann in ein anderes Bundesland flüchtet, wird der Fall an die entsprechende benachbarte Polizeibehörde übergeben, die die Verfolgung aufnimmt.

Ab dem sechzehnten Lebensjahr unterliegen alle Deutschen der Ausweispflicht. Sollte man der Polizei verdächtig erscheinen und sich nicht ausweisen können, dann kann man zur Klärung der Identität bis zu sechs Stunden lang festgehalten werden. Ein Umzug in Deutschland, selbst wenn es nur in ein anderes Stockwerk im gleichen Haus ist, muss innerhalb weniger Tage beim Einwohnermeldeamt registriert werden. Der Arm des Gesetzes ist lang und reicht weit.

Das deutsche Rechtswesen kann in alptraumhafte Haarspaltereien ausarten. In einem Fall wurde ein Deutscher zu einer Geldstrafe verurteilt, weil er bei einem Wortgefecht einen Polizeibeamten mit „Mensch" angeredet hatte. Niemand darf ungestraft behaupten, dass Polizisten der menschlichen Gattung zuzurechnen seien.

» Das deutsche Rechtswesen kann in alptraumhafte Haarspaltereien ausarten.

Recht und Ordnung spielen nicht nur im öffentlichen Leben eine große Rolle. Im häuslichen Bereich regeln strenge Gesetze den Lärm in Gebäuden. Wehe dem, der es wagen sollte, die heilige deutsche Mittagsruhe zu stören. Auch nach 22 Uhr hat jeglicher Lärm zu unterbleiben. Wenn man in einer Etagenwohnung lebt, darf man nicht spät in der Nacht in der Badewanne singen, und überhaupt sollte man es sich zweimal überlegen, ob es noch erlaubt ist, ein Bad zu nehmen oder die Klospülung zu betätigen. Auch so heikle Angelegenheiten wie das Rasenmähen an Wochenenden müssen mit Fingerspitzengefühl angegangen werden, denn wer es am Sonntag versucht, wird wahrscheinlich in Schwierigkeiten geraten, aber wer es ganz unterlässt, bekommt sicherlich noch viel größere Probleme.

Grundsätzlich kann man davon ausgehen, dass alles verboten und illegal ist, es sei denn, man hat den ausdrücklichen schriftlichen Gegenbeweis dafür. (Im Gegensatz zu Frankreich, wo alles erlaubt ist, selbst wenn es verboten ist, und zu Russland, wo alles verboten ist, selbst wenn es erlaubt ist.)

Ein ziemlich bedrückender Aspekt des Lebens in Deutschland ist, dass die Deutschen einen fortwährend belehren, was man falsch gemacht hat oder wie man es richtig macht. Stehen sie am Straßenrand und überlegen, ob Sie trotz roter Fußgängerampel den Zebrastreifen überqueren sollten? Tun Sie es nicht. Die deutschen Passanten werden Ihnen lautstark erläutern, dass das nicht erlaubt ist. Wollen Sie die im Vorgarten verstreuten Spielsachen der Kinder über Nacht einfach liegen lassen? Tun Sie es nicht. Die ganze Nachbarschaft lauert nur darauf, Ihnen zu erklären, dass so etwas nicht gestattet ist.

›› Die Deutschen wollen den Vorschriftendschungel ausdünnen – durch ein Entbürokratisierungsgesetz.

In Deutschland hat der Wust an bürokratischen Normen mittlerweile derart überhandgenommen, dass die Deutschen diesen Vorschriftendschungel ausdünnen wollen – durch ein Entbürokratisierungsgesetz.

Geschäfts- & Arbeitsleben

Die Mehrheit der deutschen Unternehmen sind von kleiner bis mittlerer Größe, traditionsreich, und sie befinden sich in Familienbesitz. Die Beziehungen zwischen Chef und Angestellten sind meist eng und freundlich. Der Inhaber weiß im Allgemeinen genau, was in der Werkstatt oder in den Verkaufsräumen vor sich geht, denn er hat auch selbst dort einige Zeit gearbeitet.

Die Beziehungen zwischen Arbeitgebern und Arbeitnehmern sind besser als in den meisten anderen Ländern. Beide Seiten sind sich über die Wichtigkeit einer partnerschaftlichen Zusammenarbeit im Klaren.

Vom Vorstandsvorsitzenden bis zum Kantinengehilfen werden alle Firmenangehörigen als Mitarbeiter bezeichnet, ein Ausdruck, der die Sachebene der gemeinsamen Aufgaben betont anstelle der sozialen Hierarchien.

Das Arbeitsleben wird durch Ernsthaftigkeit und Qualifikationen bestimmt. Einen Beruf auszuüben, für den man nicht ausgebildet ist, wäre schlichtweg undenkbar. Amateure haben keine Chance, und die Spezialisten werden keine Stelle außerhalb ihres fest umrissenen Fachgebiets finden. Ein Doktor der Philosophie, der keinen entsprechenden Posten an der Universität bekommen kann, wird sich wahrscheinlich mit angelernten Aushilfsjobs begnügen müssen. Die Personalchefs der deutschen Wirtschaft würden ihn nicht einmal mit der Feuerzange anfassen.

Arbeitszeit

Im Büro ist Pünktlichkeit das oberste Gebot, obwohl nur von den Vorgesetzten erwartet wird, dass sie früh kommen und spät gehen.

Die meisten Deutschen verlassen ihren Arbeitsplatz auf die Minute pünktlich. Länger zu arbeiten wird als Zeichen von Ineffizienz gesehen, es sei denn, man arbeitet Gleitzeit. Dann kann man außerhalb der Kernzeiten nach Belieben kommen und gehen, solange die wöchentliche Arbeitsstundenzahl eingehalten wird.

Der Arbeitsalltag

Durch reichliches Stöhnen und lautes Klagen lässt man alle wissen, wie sehr man sich im Dienste der Gründlichkeit abrackert. Es bringt überhaupt nichts, seine Arbeit still und effizient zu erledigen, denn das bemerken die Vorgesetzten nicht, und von den Kollegen handelt man sich nur vernichtende Blicke ein.

Erwartet werden Ehrgeiz und ellenbogige Leistungsbereitschaft, die sich in deutlich sichtbaren, intensiven Anstrengungen zu zeigen haben, anstatt alle zwanzig Minuten eine Zigarettenpause einzulegen und die Zeitung zu lesen.

Fachliches Können, hohe Produktivität und beflissene Einsatzfreude werden überaus hochgeschätzt. Wer stapelweise Memos und Papiere generiert, gilt als fleißig und fähig in seinem Beruf.

Früher schien es so, als ob die Deutschen nur für ihre Arbeit lebten. Aber seitdem sie herausgefunden haben, wie man sich in seiner Freizeit ebenfalls völlig verausgaben kann, gibt es für sie auch nach Feierabend noch einen Sinn im Leben. Das neue Freizeitgefühl hat zu vielen neuen Verängstigungen geführt, und die Nachrichtenmagazine grübeln in Titelgeschichten darüber nach, ob die Deutschen faul werden.

›› Seit die Deutschen herausgefunden haben, wie man sich in seiner Freizeit ebenfalls völlig verausgaben kann, gibt es für sie auch nach Feierabend noch einen Sinn im Leben.

In Konferenzen und Besprechungen halten sich die Deutschen strikt an die vorgegebene Tagesordnung. Zeit ist schließlich kostbar und darf nicht leichtsinnig verschwendet werden. Es sei denn, dass sich eine Gelegenheit ergibt, sich selbst zu profilieren, indem man in endlosen Ausführungen mit seinem Fachwissen glänzt.

Die jährlichen Betriebsausflüge, Weihnachtsfeiern und sonstigen gelegentlichen Geselligkeiten mit Kolleginnen und Kollegen muss man durchstehen, aber ansonsten ist es unüblich, dass man sich mit ihnen auch nach Feierabend trifft und gemeinsam die Freizeit verbringt.

Betriebsfeiern sind ziemlich formelle Angelegenheiten, bei denen korrektes Verhalten und gemäßigter Alkoholgenuss erwartet werden.

Frauen am Arbeitsplatz

Deutsche Männer haben schon immer gewusst, dass deutsche Frauen eine Macht sind, mit der man rechnen muss.

Heutzutage profitiert davon auch das Wirtschaftsleben, seitdem die Frauen sich außerhalb des traditionellen Bereichs von „Kinder, Küche, Kirche“ bewegen.

Frauen stellen vierzig Prozent der berufstätigen Bevölkerung. In Deutschland gibt es beispielsweise mehr als doppelt so viele weibliche Parlamentsabgeordnete wie in England, und die Gleichberechtigung von Männern und Frauen ist verfassungsrechtlich gleich am Beginn des Grundgesetzes, in Artikel drei, festgelegt. Dennoch ist die überwiegende Anzahl der Führungspositionen in der deutschen Wirtschaft und Verwaltung von Männern besetzt. Nur zwei Prozent der Top-Posten sind in weiblichen Händen.

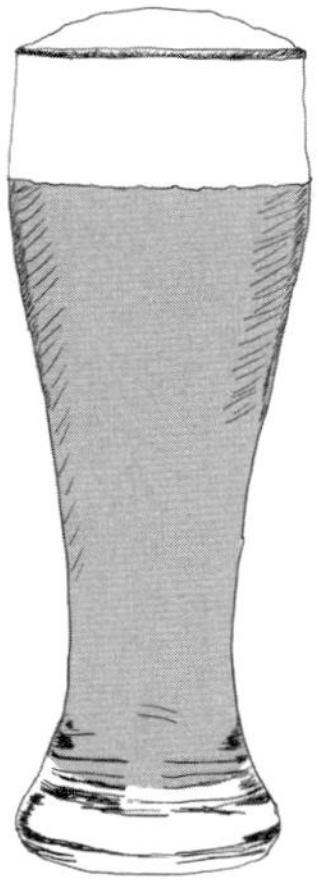

Sprache & Ideen

Tief in ihrem Herzen glauben die Deutschen, dass kein Ausländer jemals ihre Sprache perfekt lernen kann. (Eigentlich glauben sie sogar, dass nur die Leute aus ihrer Heimatregion anständiges Deutsch sprechen. Für einen Schwaben zum Beispiel gibt es nichts Barbarischeres als die Berliner Aussprache und umgekehrt.)

Die hochdeutsche Aussprache ist eigentlich ein recht neues und künstliches Konstrukt; sie wurde erst gegen Ende des 19. Jahrhunderts von einer Kommission in langen Sitzungen ausgehandelt und offiziell festgelegt. Noch im Deutsch-Französischen Krieg 1870/71 mussten sich die verbündeten preußischen, bayerischen usw. Generalstabsoffiziere der Sprache des französischen Feindes bedienen, um sich untereinander verständigen zu können.

» Auch heute lernen gerade in den ländlichen Gebieten viele Deutsche immer noch Hochdeutsch als erste Fremdsprache.

Auch heute lernen gerade in den ländlichen Gebieten viele Deutsche immer noch Hochdeutsch als erste Fremdsprache in der Grundschule, obwohl die Massenmedien viel zur Verbreitung der Standardaussprache beigetragen haben.

Deutsch ist eine bemerkenswert flexible Sprache, in der mit Leichtigkeit neue Wörter geschaffen werden können. Man braucht nur zwei oder mehrere bereits existierende Wörter zu nehmen und sie zusammenzusetzen. Mit dem neu entstandenen Wort ist zugleich eine neue Idee geschaffen worden, was vielleicht etwas die Kompliziertheit des deutschen Geistes erklären könnte.

Auch die Überlänge vieler deutscher Worte trägt nicht unbedingt zur Vereinfachung der Gedankengänge bei, wenn zum Beispiel ein Zeitungsartikel nur aus vier oder fünf Wörtern besteht, aber zwei Spalten füllt.

Das gleiche Phänomen trifft übrigens auf die Satzlängen zu. Ein einziger Satz in einem Roman von Thomas Mann oder Heinrich von Kleist kann sich über mehrere Seiten erstrecken.

Häufig kommt ein Ausländer aber überhaupt nicht in die Verlegenheit, sich so intensiv mit der deutschen Sprache auseinandersetzen zu müssen, da die Deutschen selbst sehr darum bemüht sind, ihre Fremdsprachenkenntnisse zu üben, getreu Goethes Ratschlag: „Der Deutsche soll alle Sprachen lernen, damit ihm zu Hause kein Fremder unbequem, er aber in der Ferne überall zu Hause sei." So wird ein Deutscher oft versuchen, mit einem Ausländer in dessen Muttersprache, oder zumindest in Englisch, zu kommunizieren. In einigen Fachgebieten, wie zum Beispiel Informatik oder Marketing, ist auch die deutsche Fachsprache so anglisiert, dass es kaum Verständigungsprobleme gibt.

» Die Deutschen sind sehr darum bemüht, ihre Fremdsprachenkenntnisse zu üben.

Dagegen hat die deutsche Sprache die Welt mit einer Fülle von Wörtern bereichert, deren Konzepte es anderswo offenbar nicht so gegeben hat: *Realpolitik, Schadenfreude, Weltschmerz, Frömmelei, kleinkariert, Zeitgeist, Vergangenheitsbewältigung.*

Manchen deutschen Wörtern wird vom Volksmund eine recht aufschlussreiche Herkunft nachgesagt. So soll zum Beispiel das Wort Ehe als Abkürzung des lateinischen Spruches „Errare humanum est" (Irren ist menschlich) entstanden sein.

Andere Wörter haben Zweitbedeutungen, die den Sprechern nicht immer bewusst sind. Der „Rote Baron" Manfred von Richthofen meinte während des Ersten Weltkrieges: „Das Draufgehen liegt den Deutschen nun einmal im Blut." Aber vielleicht hatte dieser Draufgänger auch schon geahnt, dass er selbst wenig später ebenfalls draufgehen würde.

Mit dem Wort „deutsch" wurde übrigens ursprünglich die Alltagssprache der Menschen bezeichnet, im Gegensatz zum Latein der gebildeten Schichten. Erst später wurde der Begriff auf die Nation übertragen. Für die Deutschen, die meist in verschiedenen Stämmen und Staaten getrennt waren, stellte allein die Sprache ein gemeinsames Band dar. Die sich ständig verschiebenden Grenzen ließen keine klare Identität im geografisch-politischen Raum entstehen. So bedurfte es einer bewussten Anstrengung im geistigen Bereich, um sich selbst als Nation zu definieren.

Ende

Die Autoren

Stefan Zeidenitz entstammt einer alten norddeutschen Familie, die tragischerweise das letzte angelsächsische Langboot zu den Britischen Inseln um knappe eineinhalb Jahrtausende verpasste. Er kompensierte diese Verspätung, indem er sich in fernöstliche Studien stürzte und japanische Kultur in Deutschland, deutsche Kultur in England und englische Kultur in Japan verbreitete. Als Folge ist sein Orientierungssinn manchmal etwas verdreht. Die unangestrengte Überlegenheit, die er als Lehrer an der St. Paul's School und am Eton College in England kennenlernte, hat sein teutonisches Temperament noch nicht völlig überlagert. Aber er arbeitet daran.

Benjamin Nicholaus Oliver Xavier Barkow ist ein Deutscher alter Schule. 1956 in Berlin geboren, verbrachte er seine prägenden Jahre mit Lobbyarbeit für den Bau einer Mauer, da er die sozialistische Form der Wäscheaufhängung zutiefst missbilligte.

Nachdem dies vollbracht war, zog er nach Hamburg, aber die dortige Wohlgeordnetheit vertrieb ihn rasch nach London. Was er dort vorfand, hat ihn so entsetzt und fasziniert, dass er wohl kaum wieder wegziehen wird. Im Anschluss an eine stürmische und angstvolle Jugend studierte er Geisteswissenschaften in der trügerischen Hoffnung, dadurch etwas geistig zu gewinnen. Den größten Teil seiner erwachsenen Zeit verbrachte er als freiberuflicher Forscher und Autor. Eine seiner Veröffentlichungen behandelte die Geschichte der Wiener Library in London. Damals ahnte er nicht, dass er ebendiese eines Tages leiten würde.

Obwohl er an chronischer Kreislaufstörung leidet, die noch keine Kräuterkur heilen konnte, hält er durch in der Hoffnung, einmal zu verstehen, warum die Leute ihn nicht verstehen. Dann wird er seine Seele aus dem Pfandhaus abholen, in die Berge ziehen und sein wunderbarstes Projekt beginnen: Wagner – das Musical.

Du weißt, dass Du in Deutschland bist, wenn ...

Poste ein Bild von diesen Seiten auf Instagram unter #fremdenversteher #reiseknowhow oder auf Facebook/Reise Know-How oder schick uns eine Mail an fremdenversteher@reise-know-how.de

Außerdem von Reise Know-How:

Außer den Fremdenverstehern gibt es von Reise Know-How viele Bücher rund ums Reisen und für die weite Welt.

Reiseführer

Mehr wissen, mehr sehen, mehr erleben: Die kompletten Reisehandbücher für individuell Reisende. Antworten auf alle praktischen Fragen von A bis Z, dazu Hintergründe, Geschichte und Geschichten.

CityTrip

Die handlichen, praktischen Stadtführer mit Faltplan und Web-App für den individuellen Kurztrip. Erhältlich für alle Metropolen und die schönsten Reiseziele, aber auch für viele kleinere Städte, die es noch zu entdecken gilt.

Kauderwelsch-Sprachführer

Die Kauderwelsch-Familie umfasst neben dem handlichen Sprachführer auch den dazu passenden AusspracheTrainer (mp3-Download oder Audio-CD). Kauderwelsch-Sprachführer bieten mehr als ein reines Phrasenbuch: Die knappe Einführung in die Grammatik, die Wort-für-Wort-Übersetzungen und das Wörterverzeichnis helfen, sich schnell in der neuen Sprache zu orientieren und sie bald selbst anzuwenden.

world mapping project Landkarten

Reiß- und wasserfest, beschreibbar, aktuell und alltagstauglich: Diese Eigenschaften kennzeichnen die hochwertigen Reisekarten von Reise Know-How in der Serie „world mapping project". Erhältlich für fast alle Länder der Erde und zahlreiche interessante Regionen – und das im jeweils besten Maßstab.

... und vieles mehr auf www.reise-know-how.de

„Die Franzosen mögen es, wenn sich die Regierung in ihr Leben einmischt. [...] der Staat ist Frankreich (wie Kochen, Wein, Frauen, das Landleben, Paris, Kultur, Kinder, Freiheit-Gleichheit-Brüderlichkeit und ihr angeborenes Recht, auf dem Zebrastreifen zu parken)."

„Die meisten Nationen betrachten die Niederländer als organisiert und effizient – ähnlich den Deutschen, nur nicht so beeindruckend. [...] Die Bäume in der Landschaft sind in Linien gepflanzt und die schwarz-weißen Kühe sind in ordentlichen kleinen Gruppen arrangiert."

„Japaner sind von Haus aus gesellig – Individualität und Egoismus sind genauso willkommen wie ein Sumoringer, der sich am Büffet vordrängelt. [...] In Japan möchte sich jeder von allen anderen unterscheiden und zwar auf genau die gleiche Art."

„Die Engländer sind stolz auf ihren Sinn für *fair play* und nehmen an, dass dieser auch von allen anderen anerkannt und bewundert wird. [...] Wenn also ein Engländer sein Wort bricht, sollten die Ausländer gefälligst verstehen, dass es einen zwingenden Grund dafür gibt.“

„Aus schwedischer Perspektive sind die Unterschiede zwischen den nordischen Ländern gravierend. Dänemark ist horizontal, Norwegen ist vertikal, Island schmilzt weg, Finnland ist ein Labyrinth und Schweden ist atemberaubend idyllisch.“

„Die USA sind ein Land, in dem sich einst Abenteurer, religiöse Fanatiker und Außenseiter niederließen (eine demographische Mischung, die sich in den letzten 400 Jahren kaum geändert hat).“

In der Reihe „Die Fremdenversteher" sind bisher erhältlich:

So sind sie, die Amerikaner	ISBN 978-3-8317-2870-1
So sind sie, die Australier	ISBN 978-3-8317-2883-1
So sind sie, die Belgier	ISBN 978-3-8317-2884-8
So sind sie, die Deutschen	ISBN 978-3-8317-2871-8
So sind sie, die Engländer	ISBN 978-3-8317-2872-5
So sind sie, die Franzosen	ISBN 978-3-8317-2873-2
So sind sie, die Isländer	ISBN 978-3-8317-2875-6
So sind sie, die Italiener	ISBN 978-3-8317-2876-3
So sind sie, die Japaner	ISBN 978-3-8317-2877-0
So sind sie, die Niederländer	ISBN 978-3-8317-2874-9
So sind sie, die Österreicher	ISBN 978-3-8317-2878-7
So sind sie, die Polen	ISBN 978-3-8317-2879-4
So sind sie, die Schweden	ISBN 978-3-8317-2880-0
So sind sie, die Schweizer	ISBN 978-3-8317-2882-4
So sind sie, die Spanier	ISBN 978-3-8317-2881-7

Alle Titel haben 108 Seiten und kosten 8,90 € (in Deutschland). Außerdem sind alle Titel auch als E-Book verfügbar, jeweils in den Formaten epub und mobi (für Amazon kindle).